经济管理学术新视角丛书

EFFICIENCY EVALUATION OF INDUSTRIAL ECONOMY
IN JIANGSU PROVINCE BASED ON THE EFFICIENCY PERSPECTIVE

基于效率视角的江苏省工业经济效益评价

孟令杰　仓明　周彤◎著

图书在版编目（CIP）数据

基于效率视角的江苏省工业经济效益评价/孟令杰，仓明，周彤著.—北京：经济管理出版社，2016.12

ISBN 978-7-5096-4673-1

Ⅰ.①基… Ⅱ.①孟… ②仓… ③周… Ⅲ.①工业经济—经济评价—研究—江苏 Ⅳ.①F427.53

中国版本图书馆 CIP 数据核字（2016）第 260418 号

组稿编辑：赵喜勤
责任编辑：赵喜勤
责任印制：司东翔
责任校对：雨　千

出版发行：经济管理出版社
　　　　　（北京市海淀区北蜂窝 8 号中雅大厦 A 座 11 层　100038）
网　　址：www.E-mp.com.cn
电　　话：（010）51915602
印　　刷：北京九州迅驰传媒文化有限公司
经　　销：新华书店
开　　本：720mm×1000mm/16
印　　张：11.25
字　　数：177 千字
版　　次：2016 年 12 月第 1 版　2016 年 12 月第 1 次印刷
书　　号：ISBN 978-7-5096-4673-1
定　　价：48.00 元

·版权所有　翻印必究·

凡购本社图书，如有印装错误，由本社读者服务部负责调换。

联系地址：北京阜外月坛北小街 2 号
电话：（010）68022974　邮编：100836

目 录

1 引言 ·· 1
  1.1 研究背景 ··· 1
  1.2 江苏省发展现状 ··· 2
  1.3 研究意义 ··· 5
  1.4 技术路线 ··· 6

2 文献综述 ··· 7
  2.1 绩效的定义 ·· 7
  2.2 绩效评价的定义 ··· 9
  2.3 国外绩效评价研究 ··· 10
    2.3.1 成本评价阶段 ··· 10
    2.3.2 财务评价阶段 ··· 11
    2.3.3 价值评价阶段 ··· 12
    2.3.4 综合评价阶段 ··· 13
  2.4 国内绩效评价研究 ··· 14
    2.4.1 总量指标评价阶段 ··· 14
    2.4.2 财务指标评价阶段 ··· 15
    2.4.3 企业绩效评价阶段 ··· 16
  2.5 基于效率的 DEA 绩效分析 ······································· 17

3 理论方法与数据 21
3.1 理论基础 21
3.1.1 效率理论 21
3.1.2 经济增长理论 23
3.2 分析方法 25
3.2.1 生产函数法 25
3.2.2 数据包络分析法和 Malmquist 指数法 26
3.2.3 随机前沿生产函数法 27
3.2.4 其他绩效分析法 28
3.2.5 绩效分析方法的选择 29
3.3 数据来源与筛选 30

4 江苏省工业投入产出绩效评价指标分析 31
4.1 工业总产值、人均工业总产值和高技术产业占比 31
4.2 工业增长率和工业利润增长率 35
4.3 总资产贡献率、流动资产周转率、产品销售率和全员劳动生产率 39
4.4 用功效系数法构造综合评价指数 41
4.5 其他盈利指标：产值利税率、资金利税率、销售利润率 ... 43
4.6 图表附录 44

5 江苏省工业投入产出绩效实证分析 69
5.1 评价方法的确定 69
5.1.1 DEA 法的具体步骤 70
5.1.2 CCR 模型 70
5.1.3 BCC 模型 72
5.1.4 超效率模型 73
5.2 评价体系构建 75
5.2.1 经济效益 76

  5.2.2 企业效益 ·· 78
  5.2.3 部门效益 ·· 80
  5.2.4 政府效益 ·· 81
  5.2.5 全社会效益 ··· 83
  5.2.6 就业效益 ·· 84
 5.3 本章小结 ·· 85
 5.4 图表附录 ·· 87

6 代表性行业分析 ·· 99
 6.1 计算机、通信和其他电子设备制造业 ····················· 100
 6.2 化学原料和化学制品制造业 ································· 103
 6.3 电气机械和器材制造业 ······································· 106
 6.4 黑色金属冶炼和压延加工业 ································· 109
 6.5 通用设备制造业 ·· 112
 6.6 纺织业 ··· 115
 6.7 汽车制造业 ·· 118
 6.8 金属制品业 ·· 121
 6.9 专用设备制造业 ·· 124
 6.10 电力、热力生产和供应业 ··································· 127
 6.11 本章小结 ··· 130

7 典型县市对比分析 ·· 133
 7.1 南京、苏州、盐城三市的概况和特点 ····················· 133
  7.1.1 南京 ·· 133
  7.1.2 苏州 ·· 135
  7.1.3 盐城 ·· 136
 7.2 南京、苏州、盐城县市工业绩效对比分析 ················ 137
  7.2.1 33 区县对比 ·· 137
  7.2.2 南京、苏州、盐城分市的区县经济 ··················· 138

  7.3 南京、苏州、盐城产业结构形成因素 …………………… 140
    7.3.1 影响南京产业结构形成的因素 …………………… 141
    7.3.2 影响苏州产业结构形成的因素 …………………… 142
    7.3.3 影响盐城产业结构形成的因素 …………………… 143
  7.4 本章小结 …………………………………………………… 144
  7.5 图表附录 …………………………………………………… 145

8 第二次经济普查和第三次经济普查结果分析 …………………… 155

9 主要结论 ………………………………………………………………… 163

参考文献 ………………………………………………………………………… 167

1 引 言

1.1 研究背景

工业在整个国民经济中占据主导地位,工业部门的持续健康发展对于国民经济的快速稳定增长具有举足轻重的作用,中国工业增加值由 2009 年的 135849.0 亿元增加到 2013 年的 217263.9 亿元,约提升了 60%,而 2014 年工业增加值进一步增加到了 227991.0 亿元,约占第二产业增加值 84%,占国内生产总值的 36%。2014 年中国工业总产值占世界的工业总产值的 24.4%,超过了美国的 19.9%。工业部门的绩效水平直接影响到我国整体经济的运行状况。伴随着国际大环境的逐步开放和经济全球化的逐步加深,我国的经济环境也日益开放,我国工业部门面临的外部环境的变化尤为显著。当我国经济全面融入到全球化的浪潮中时,最先参与到激烈的全球化竞争之中的是我国的工业部门。近年来,我国经济蓬勃发展,综合国力不断增强,更加积极地参与到经济全球化的进程之中,因而我国工业部门所面临的竞争也愈加激烈,在此情形下,提高我国工业部门的竞争力变得尤为重要。工业竞争力综合了工业机构的协调性和高度化的双重特性,它实现了已有的增长和发展,更是未来增长和发展的先决条件。

工业竞争力的核心内容是工业企业绩效,它关系到工业经济的可持续发展。近年来,工业企业的绩效与工业经济发展的关系问题越来越被学界学者和政府相关部门重视,因为要实现我国工业经济的发展必须将绩效作为重要指标，应该尽快摒弃只依赖廉价劳动力和资本的发展方式，否则在国际竞争越来越激烈的今天，我国工业部门在全球性的竞争中没有任何优势，只能一直处于劣势，工业经济的发展必将受到抑制，进而抑制国民经济的发展。因此，政府相关部门和机构在制定决策时必须全面把握工业绩效对工业经济的重要性，制定有效的宏观经济措施，以确保实现工业绩效的有效提升。

目前，江苏省的发展正处在增长速度换档期、结构调整阵痛期和转型升级的攻坚期。经过多年快速增长，支撑江苏省经济发展的要素已经发生深刻变化，到了只有加快调结构转方式才能实现经济持续健康发展的关键时期。在这样一个关键阶段，江苏省经济要真正实现行稳致远，必须下大力气解决好深层次问题和结构性矛盾，把经济结构调整优化作为主攻方向，聚焦转型升级，着力提质增效，重点做好"六个优化"的文章。这"六个优化"中最关键的一点就是：优化产业结构，强化创新驱动，坚持"高轻优强"调整取向。想要进一步优化产业结构，必须了解现有工业的绩效，了解发展的起点，选择出高绩效、高竞争力的产业作为重点发展对象。本书利用第三次经济普查的数据，对江苏省工业投入产出绩效进行分析比较并排序，全面解析江苏省的工业绩效，为选择更有利的产业发展提供一点依据。

1.2 江苏省发展现状

2013年，江苏省坚持稳中求进，以提高经济增长质量和效益为中心，深入实施"八项工程"，扎实抓好"十项举措"，统筹做好改革发展稳定各项工作，经济运行总体平稳、稳中有进、稳中向好，在加快转型升级中保持了持续健康发展，"两个率先"迈出新步伐。江苏省全年实现生产总值59162亿元，按可比价格计算，比上年增长9.6%。其中，第一产业增加值增长3.1%；第二产业增加值增长10%；第三产业增加值增长9.8%。人均GDP为74607元，比上年增加6260元；按平均汇率折算，为12047美元。主要经济指标增幅保持在合理区间，综合实力再上新水平，结构调整实现新进展，发展质量有了新提升，为未来的产业结构优化打下了良好的基础。具体表现在以下四个方面：

第一,结构调整成效明显。从产业结构看,江苏省2013年全年第二产业增加值占GDP比重为49.2%,比上年下降1个百分点;服务业增加值占GDP比重达45%,比上年提高1.2个百分点。全年高新技术产业产值超过5万亿元,比上年增长15%,占规模以上工业增加值比重达38.5%,比上年提高1个百分点。全年十大战略性新兴产业销售收入比上年增长18%。从所有制结构看,全年非公经济增加值占GDP比重为67.2%,比上年提高0.5个百分点,其中私营个体经济增加值占GDP比重为42.3%,比上年提高0.6个百分点。区域创新能力连续5年保持全国第一,全年研发经费占GDP比重达2.4%以上。2013年江苏省授权专利量23.96万件,其中发明专利1.68万件,知识产权综合发展指数跃居全国前列。节能减排成效明显,节能降耗、污染物排放削减均完成年度目标任务。化解过剩产能取得新进展,全年分别淘汰炼铁、焦炭、水泥等落后产能210万吨、60万吨和328万吨,淘汰平板玻璃262万重量箱。

第二,工业经济企稳向好。江苏省2013年全年规模以上工业增加值比上年增长11.5%。其中,国有控股工业增加值3580.9亿元,增长9%;股份制工业增加值14749.7亿元,增长13.7%;三资工业增加值10735.7亿元,增长8.8%;民营工业增加值15494.1亿元,增长14.3%。列统的40个工业大类行业中有33个产值较上年有不同程度增长。其中,汽车制造业增长25%,医药制造业增长19.8%,专用设备制造业增长12.4%,电气机械及器材制造业增长12.8%。列统的404种工业产品中有239种产品产量比上年实现增长。2013年1月至11月,全省规模以上工业企业分别实现主营业务收入、利润、利税总额119626.3亿元、6704.4亿元、11009.7亿元,同比分别增长11%、17.9%和16.8%,呈现利润增长快于利税、利税增长快于销售的良好格局。在40个工业大类行业中,34个行业利润总额同比增长。2013年1月至11月,规模以上工业企业亏损面为14.9%,比年初收窄8.6个百分点,保持逐月收窄态势;亏损额503.9亿元,同比下降9%。

第三,投资平稳较快增长。江苏省2013年全年完成固定资产投资35982.5亿元,比上年增长19.6%。其中,项目投资28741.1亿元,增长20.3%;房地产开发投资7241.5亿元,增长16.7%。第一、第二、第三产业分别完成投资198.6亿元、18425.9亿元、17358亿元,分别占全省投资总量的 0.6%、51.2%和 48.2%，分别增长 9.4%、17.2%和 22.3%。第二产业投资中，工业投资 18387.5 亿元，增长 17.5%，其中医药、通用设备、汽车等先进制造业投资分别增长 42.6%、32.1%和 25.6%。服务业完成投资 17397.1 亿元，比上年增长 22.3%，占全部投资的比重由上年的 47.8%提高到 48.4%。其中，信息传输、软件和信息技术服务业投资增长 43.8%，水利、环境和公共设施管理业投资增长 33.2%，卫生和社会工作投资增长 32.6%，交通运输、仓储和邮政业投资增长 30.4%。全省新开工项目 32315 个，比上年增长 12.5%；完成投资 18549.2 亿元，增长 17.4%。全年商品房销售面积 11455 万平方米，比上年增长 27%，其中住宅 10192 万平方米，增长 28.6%。

第四，开放型经济难中求进。江苏省 2013 年全年实现进出口总额 5508.4 亿美元，比上年增长 0.5%。其中，出口 3288.5 亿美元，增长 0.1%；进口 2219.9 亿美元，增长 1.1%。进出口总额中，一般贸易进出口总额 2332.2 亿美元，比上年增长 6.4%；加工贸易 2336.5 亿美元，比上年下降 5.2%。出口总额中，私营企业出口总额 996.8 亿美元，比上年增长 11.9%，增速分别快于国有企业和外商投资企业 7.6 个和 17 个百分点。2013 年江苏省对美国、日本等国家出口分别比上年增长 2.6%、1.3%；对欧盟出口下降 9.7%，但降幅比上年收窄 2.5 个百分点。吸引外资规模继续保持全国领先，全年实际到账外资 332.6 亿美元。"走出去"步伐加快，2013 年新批境外投资项目 605 个，比上年增长 5.8%；境外投资中方协议投资额 61.4 亿美元，增长 21.8%。全年新签对外承包工程合同额 86.6 亿美元，比上年增长 20.3%；新签对外承包工程完成营业额 72.6 亿美元，比上年增长 12.3%。

从江苏省总体发展情况来看，工业发展态势良好，但是想要在经济危机和发展危机四伏的当今社会确保工业行业在世界上站稳脚步，必须拥有强大的工业竞争力，因此剖析工业绩效与工业经济发展和工业行业竞争力的增强具有举足轻重的意义。本书首先从传统的绩效评价方法入手，从整体上把握江苏省工业投入产出绩效情况；其次基于效率视角，计算江苏省工业投入产出的经济效益、企业效益、部门效益、政府效益、全社会效益、就业效益，从而判断江苏省各市各行业的效益情况；再次分别从典型行业、典型地区角度分析，从点看面，研究江苏省重点产业的发展形势和地区发展差异；又次比较第二次经济普查和第三次经济普查的数据差异，研究江苏省工业投入产出绩效的动态发展情况；最后提出政策意见。

1.3 研究意义

本书借鉴国内外的相关理论，以科学合理评价为宗旨，构建工业企业绩效的综合评价体系，能够更加合理地评价工业企业的部门绩效。研究2013年江苏省工业部门绩效情况，有利于认识各类工业行业绩效所呈现的特征，以及各地区工业发展发布状况。提高工业经济水平对于推动整个国民经济的发展具有不可替代的作用，在此情形下，把握江苏省工业部门的绩效情况及其影响因素的关系，不仅能够帮助江苏省政府相关部门和机构认识江苏省工业部门目前的发展特征，更有助于其把握工业部门未来的发展趋势，为政府相关部门和机构制定适当的经济政策提供重要依据，有利于工业经济和国民经济的快速、协调发展。

具体来说，本研究具有较大的现实意义。我国区域经济现有三大增长级，北部的京津冀区域、东部沿海的长三角区域和南部沿海的珠三角区域。长三角地区的发展一直备受关注，是国民经济发展的强大驱动力，而江苏省正是这个地域中的重要省份，它的发展直接影响了长三角地区的经济驱动作用。但是江苏省内各市的发展及其不平衡，由于历史和其他一些政治、经济政策原因，苏北区域的经济发展水平和速度明显落后于苏南区域和苏中区域。这种不平衡经济格局不利于我国的可持续发展和今后经济社会发展战略目标的实现。所以，必须通过对江苏省各地区和各行业产业的分析研究，找出"十三五"期间最适合江苏省区域发展的主要行业，调整和优化该区域的产业结构，促进该区域的产业升级和产业梯度转移，从而带动江苏省内的经济发展，进而带动江苏周边地区的经济发展。因此可以说，江苏省区域产业分析有利于优化我国区域经济格局。产业发展是一个区域经济发展的原动力。要想加快江苏省的经济发展，必须从产业布局、产业结构调整上入手，根据各城市功能、定位和自然资源禀赋对产业进行合理布局，统筹规划，把江苏省的发展潜力转变为竞争实力，提升江苏省的综合实力。可见，现在对江苏产业进行分析有利于加快江苏省经济发展。

1.4 技术路线

本书的技术路线如下：

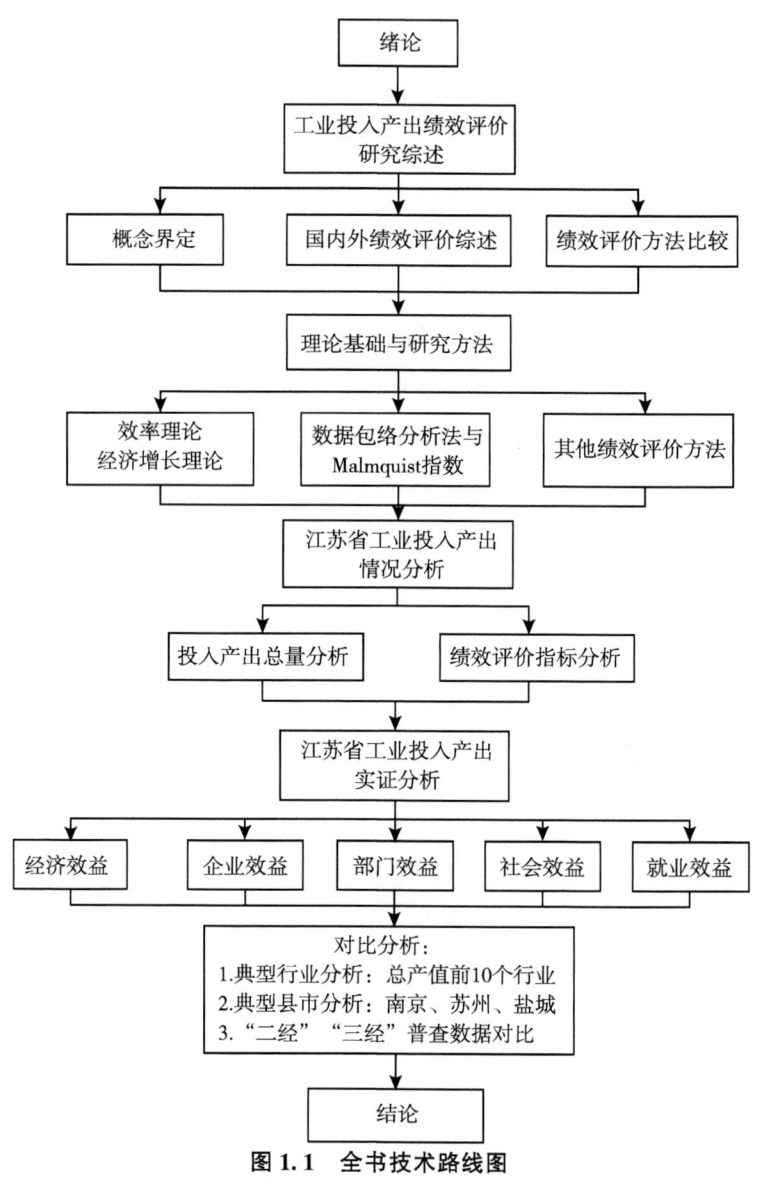

图1.1 全书技术路线图

2 文献综述

绩效一词含义非常丰富，相关的学术研究也非常丰富，本章首先明确了绩效和绩效评价的定义，并回顾了国内外绩效评价研究的相关文献，最后着重对基于效率角度的 DEA 方法评价绩效的相关文献进行归纳总结，这也是本研究的主要角度。

2.1 绩效的定义

绩效一词在经济管理研究中是一个使用频率很高的词汇，但是在不同领域其含义则不尽相同，如管理绩效、生产绩效、安全绩效、环境绩效、清洁生产绩效、财务绩效、团队绩效、制度绩效、组织绩效等。如清洁生产绩效是指企业经审核并实施清洁生产方案，在节能、降耗、减污、增效方面所取得的实际效果，一般以达到清洁生产标准级别和排放标准的方式表示。对于绩效概念的理解，国内经济管理学术界目前还没有统一的界定，《朗文当代高级英语辞典》中有如下几种解释：演奏、演出、表演；执行、履行、表现；指人完成工作的好坏或机器性能的好坏。如何定义绩效？这是经济学者长期以来一直非常关注的问题。

贝茨和霍尔顿在 1995 年指出，绩效是一个多维建构，观察和测量的角度不同，其结果也会不同。目前对绩效的界定主要有两种观点：一种观点认为绩效是结果和产出。伯纳丁和比蒂在 1995 年研究得出结论：绩效是最终行为的结果和产出,是在特定时间范围,在特定工作职能、活动或行为上生产出的结果记录。绩效应该定义为工作的结果,因为这些工作结果与组织的战略目标、客户满意感以及所投资金的关系最为密切。另一种观点主张绩效是行为和过程。一些学者认为,绩效由个体控制下的与目标相关的行为组成,是员工在实现工作目标的过程中表现的一系列行为特征,诸如工作能力、责任心、工作态度、协作意识等。墨菲(1991)指出,绩效是一套与个人所在组织或小组的目标相关的行为。财政部原统计评价司(1999)对绩效进行研究时认为,绩效是一定经营期间的经营效益和经营者业绩。经营效益水平主要表现在盈利能力、资产运营水平、偿债能力和后续发展能力等。经营者业绩主要通过经营者在经营管理过程中所取得的成果及做出的贡献来体现。冯丽霞(2002)认为,绩效可以从两方面来理解:一方面是以结果为导向的业绩,是指在特定时间内由特定的工作职能或活动产生的产出记录;另一方面是以行为为导向的业绩,是指与企业目标有关的、可以按照个体的能力(贡献度)进行测量的行动或行为。也有部分学者偏向以下观点:单纯将绩效界定为结果(产出)或行为(过程)是有失偏颇的,绩效应该是结果与行为的统一体。这种观点主要针对个体绩效,既考虑投入产生的结果(产出),也考虑行为(过程)。由于本书所测定的绩效主要针对产业而言,因此所定义的绩效是以产出和结果为导向,即绩效是每年由工业生产活动而产生的结果记录,如工业总产值、主营业务收入等。这主要是基于结果总量上的绩效,在本书中绩效还可以拓展理解为效率,基于投入产出的角度,一般意义上的经济效率(Economic Efficiency)可分解为配置效率和技术效率,Farrell 认为技术效率(Technical Efficiency)是指在生产技术和市场价格不变的条件下,按照既定的要素投入比例,生产一定量产品所需的最小成本与实际成本的百分比,或者说是实际产出水平与在相同的投入规模、投入比例及市场价格条件下所能达到的最大产出量的百分比。对经济效率的研究是经济学与管理学研究的最核心内容之一,其研究方法也贯穿于经济学与管理学的理论大厦之中,并且不断地得到拓展与创新。

2.2 绩效评价的定义

绩效评价就是为了实现生产经营目的，运用特定的指标和准则，采用科学的方法，对生产经营活动过程及其结果做出的一种价值判断。其核心是比较所费与所得，力求用尽可能小的所费去获得尽可能大的所得。安迪·尼利（2004）认为，绩效评价通过对适当数据的采集、整理、分类、分析、解释和传播，对以往行为的效率进行量化，并据此做出相应的决策，采取相应行动的过程。学界学者们对绩效评价提出了相关定义，表2.1按时间顺序列出了学术界比较具有代表性的几种绩效评价定义。

表 2.1 具有代表性的绩效评价定义[①]

年份	代表人物	绩效评价定义
1955	Harold Koontz	根据计划完成的程度采取纠正偏差的行动，以促使目标的达成
1958	Philop R. Kelly	用来判断一个人工做贡献的价值、工作的品质或数量以及未来发展的潜能，并据此提供个人为达成目标所需的帮助
1979	Willian F. Glueek	绩效评价是人事管理的主要内容，企业通过此活动来决定从业人员所达成工作的有效程度
1980	Dales Beach	针对个人的工作绩效与发展潜力所做的系统评价
1983	Edwards	系统地评定组织员工间在工作绩效上的个体差别
1991	Pride, Hughes & Kappor	根据员工现行绩效及潜在的绩效评价，管理者能够客观地进行人力资源决策
1992	Rue & Byars	绩效评价是一个包括对员工如何执行本身工作和建立改进计划的决定和沟通过程
1993	Bovee, Thill, Wood	为评价与员工期望有关的绩效及提供反馈的过程

从表2.1可以看到，代表性的绩效评价定义都是针对企业的员工进行，也

---

① 段钢. 基于战略管理的绩效考评 [M]. 北京：机械工业出版社，2007：3-4.

就是针对某个企业进行绩效评价。尽管学者们有不同的看法,但绩效评价的实施是为了使企业保持竞争优势,获得良好绩效。绩效评价作为对组织或个体行为和活动进行的有计划的评价,为避免考评者个人的主观臆断,应运用一系列科学有效的程序和方法,保证评价结果的客观性与公正性。本书对工业投入产出绩效进行评价,将绩效评价定义为对工业活动的绩效进行一系列科学测量与评定,具体指的是对工业总量绩效指标计算和评价,并进一步测算和评价工业的总体效率与纯技术效率。

2.3 国外绩效评价研究

在绩效评价问题上,众多学者经过一个多世纪的研究,奠定了丰富的理论基础和实践经验。以下主要从文献的角度,对国内外绩效研究的状况进行概述。绩效评价作为成熟市场经济国家管理和评价企业的主要方法,在国外已有多年的理论研究和实际应用经验,形成了较为系统的理论体系和实践典范。按照评价体系和内容变化进行划分,西方企业绩效评价大体上经历了四个阶段。

2.3.1 成本评价阶段

早期的成本思想与简单的成本计算是随着商品货币经济的出现而萌芽的,属于低级阶段的成本会计。这一阶段进行的绩效评价和绩效考核以成本核算和成本控制为主,它体现的是一种简单的降本求利思想,其成本计算以盈利为目的。基本特征为:成本分析和控制以事后分析和控制为主,体现为单纯的总成本降低,成本核算较为简单,成本分析和控制较为笼统。19世纪末,随着资本主义市场经济的进一步发展和竞争意识的增强,之前较为复杂的成本会计核算与评价制度已不能满足资本家最大限度地提高生产效率以获取利润的要求。于是,人们开始重视事前预测和事中控制,建立标准成本制度,成本分类和成本核算更加科学。美国会计工作者哈瑞设计了最早的标准成本制度,实现了成本会计的第二次革命。标准成本及差异分析制度的建立,实现了成本控制,从而大大提高了劳动生产率。同时，人们由被动的事后系统反映转向积极的事前预测和事中控制，达到了对成本进行管理的目的。

2.3.2 财务评价阶段

早期的财务指标仅表现为成本指标，进入 20 世纪后，随着所有权与经营权的进一步分离，财务指标扩大到包括偿债性指标、收益性指标和经营性指标在内。美国财务状况综合评价的先驱者之一亚历山大·沃尔在《信用晴雨表研究》和《财务报表比率分析》中，提出了信用能力指数的概念，并首次采用资产净利率、销售净利率、净值报酬率、自有资本比率、流动比率、应收账款周转比率和存货周转率七项财务指标评价企业的盈利能力与偿债能力，由此奠定了综合评价企业财务效益的基础。由于这种评价方法比较简单且易于操作，所以在实践中得到了较为广泛的应用。英国管理专家罗斯于 1932 年提出了评价企业部门绩效的思想，并设计采用访谈方式了解部门绩效。杰克逊·马丁德尔在 1950 年采用访谈的形式提出了一套比较完整的管理能力评价指标体系，主要包括公司的社会贡献、组织结构、收益的健康状况、对股东的服务、研究与发展、董事会业绩分析、公司财务政策、公司生产效率、销售组织、对经理人的评价等，并对各项指标进行打分，将本公司的评价分数与该公司历史业绩和行业标准进行对比，判断公司的管理绩效。20 世纪初，随着企业的快速发展和生产规模的急剧扩大，绩效评价体系的重要性日益凸显出来。杜邦公司创建了以投资报酬率为核心的业绩评价体系，即杜邦财务分析法。这种方法以财务报表为主要信息来源，利用各个主要财务指标之间的内在联系，对企业财务状况进行综合分析与评价。杜邦财务分析法是典型的运用会计利润指标的评价方法，它摆脱了指标的表面比较，通过分解净资产收益率对各财务指标的计算与构成进行了深入的分析，全面评价了经营者在盈利、运营和风险管理三方面的业绩。在杜邦财务分析法中，运用时间最长、最重要的指标是投资报酬率（ROI）。麦尔尼斯在 1971 年对 30 家美国跨国公司的业绩进行分析后，发现最常用的绩效评价指标是投资报酬率，其次是预算比较和历史比较。泊森和莱西格在 1979 年通过分析针对 400 家跨国公司的问卷调查指出，公司采用的绩效评价指标还有销售利润率、每股收益率和现金流量等。进入 80 年代后，美国管理会计委员会从财务效益的角度发布了《计量企业绩效说明书》，提出了净收益、每股盈余、现金流量、投资报酬率、剩余收益、市场价值、经济收益、调整通货膨胀后的业绩八项计量企业经营绩效的指标。财务指标作为企业绩效评价的工具，最大的优点在于操作性和可考核性强，一定程度上能够反映企业为投资者创造的增值，不同企业之间具有较强的可比性。但是，以会计利润为基础的财务指标，仅考虑企业生产经营所发生的制造成本，未考虑企业使用资本的资本成本，无法反映企业为投资者创造的真正财富。

2.3.3 价值评价阶段

20 世纪 30 年代，日本松下公司提出了"剩余收益"的业绩评价方法，使部门绩效评价与企业目标协调一致，引导部门经理采纳高于企业资本成本的决策。使用剩余收益指标时，可以对不同部门规定不同的资本成本，使剩余收益这个指标更加灵活。20 世纪 90 年代后期以来，企业绩效评价体系已从传统意义上的财务评价向更加注重有机结合与互动影响评价方向发展。1991 年，Stewart 咨询公司突破了传统财务指标的计算框架，对剩余收益进行了批判性吸收，提出经济增加值（EVA）指标来评价财务绩效。EVA 是在利润的基础上，进一步考虑资本成本，经过一系列调整后的财务指标，用于衡量企业生产经营的增加价值。杰弗里于 1997 年提出了修正的经济增加值（EVA）指标，该指标将所有决策用一个财务指标联系起来，结束了多种目标的混乱状态。EVA 理论计算公式为：

EVA＝NOPAT－资本费用＝NOPAT－总和资本成本率×总资本

EVA 并非会计利润简单地扣减资本成本后的余额，而是经过多项调整后的结果。这样一来，企业的绩效分析剔除了会计计量误差的影响。EVA 综合考虑了企业生产经营的制造成本和资本成本，对企业增值的反映更加彻底。EVA 为正，说明企业为股东创造价值，EVA 越大，增值越多；反之亦然。同以往财务指标相比，EVA 强调了一个理念，即权益资本也是有机会成本的。也就是说，只有在经营利润超过了所有债务成本和权益成本时，才会为股东创造财富，产生真正意义上的利润。但是，与其他利润指标一样，EVA 也是事后核算的静态指标，强调短期成果，容易产生短期行为。

2.3.4 综合评价阶段

随着市场经济的发展繁荣和现代社会分工逐步成熟，企业管理水平不断提高，作为现代企业管理手段之一的企业绩效评价也得到了相应的发展，企业绩效评价体系从传统意义上的财务评价，向更加注重有机结合与互动影响的评价方向发展。

亚洲国家实行企业绩效评价制度的成功典范当属韩国。20 世纪 70 年代开始，韩国国有企业经营状况令人担忧：管理混乱、行政干预过多、责权不明确等。为了扭转国有企业的困难局面，韩国政府于 1983 年 12 月 31 日发布了《政府投资机构管理基本法》。该法的一项十分重要的内容是：政府成立专门的评价机构，在企业经营年度结束时通过一定的考核指标和评价方法对企业的经营成果加以综合比较，并以评价结果作为对经营者公平奖惩的依据。这种评价制度的评价指标从形态上分为定量指标和定性指标，从性质上分为综合经营效率指标、经营目标指标和经营管理指标。指标权重大致按定量指标 60 分、定性指标 40 分进行分配。自政府实施企业绩效评价制度后，韩国国有企业的经营效益得到明显提高，企业的公共服务质量有了明显改善。截至 1996 年，韩国大多数国有企业盈利，只有少数亏损。

到了 20 世纪 90 年代，企业的经营环境开始发生重大变化，经济全球化和世界经济一体化使得竞争在全球范围内更加激烈。哈佛商学院教授卡普兰和诺顿（1990）提出"全方位绩效看板"的研究计划，并最终形成影响力最广的"平衡计分测评法"——财务、企业内部经营过程、客户导向、创新与提高四套绩效测评指标。这种方法所采用的考核指标来源于组织的战略目标和竞争需要，是一种综合的绩效，因此在企业中引起了强烈的反响。1996 年安永公司举办的一次银行首府财务官圆桌会议表明，平衡记分卡已为 60%的大银行所采用。由于其评价内容与战略目标的联系更为直接，具有更高的透明度，所以有助于提高决策的效率和准确度。

经过 20 世纪八九十年代弗里曼、布莱尔、多纳得森、米切尔等学者的不断努力，利益相关者理论开始应用于企业管理，其中企业绩效评价成为利益相关者理论中最重要的研究内容。克拉克森（1995）建立了评价企业社会绩效的 RDAP 模式，即"对抗型"、"防御型"、"适应型"和"预见型"。他认为，对企业的绩效评价模式不应建立在概念上，而应建立在利益相关者管理框架上，因此在企业、雇员、股东、消费者等方面详细列举了一系列评价指标。斯科特（1995）认为组织是一个政治性场所，在这个场所中不同的相关者企图建立自己的标准以实现自身的利益，而这些利益可能是物质的，但也可能是谋求某种对于工作计划或工作活动的控制权。佩弗和沃尔什等人进一步认为：由于不同的利益相关者都想通过对自身权利的运用，倡导于己有利的绩效度量方式，因此最终的评价方式就是多个相关者之间讨价还价的结果。

2.4 国内绩效评价研究

由于我国企业经营绩效研究起步较晚，所以在相当长一段时间里都是引进和吸收国外的先进方法。从评价主体来看，我国一直实行以政府为主导的企业绩效评价模式；从评价内容和指标体系来看，我国的企业绩效评价主要表现为财务模式，同时也呈现出向平衡模式发展的趋势。总体来看，我国企业绩效评价经历了总量指标评价、财务指标评价和企业绩效评价三个阶段。

2.4.1 总量指标评价阶段

新中国成立后，在 20 世纪 70 年代以前，我国学习并借鉴了苏联的经济管理模式，实行高度集中的计划经济管理体制，政企不分，国家不重视对国有企业的价值和成本的考核，只从实物和产出的角度评价，逐渐形成了以实物产量为主的绩效评价模式。这一考核方法对提高产品生产能力、迅速建立起较为完善的工业体系和巩固国有经济的主导地位等都起到了极大的促进作用。但这种以"实物产出"为主体内容的考核方法使国民经济发展付出了沉重的代价。

许多企业为了完成生产计划和创造高产值,忽视了对生产设备的技术改造和技术更新。加上片面地以产出作为考核内容,误导企业片面地追求"产量、产值"最大化,从而严重忽视了追求经济效益的观念,导致企业缺乏发展活力。

1975年国家拟定了"工业企业八项经济技术考核指标"。这八项指标包括产品产量、品种、质量、原材料燃料动力消耗、流动资金、成本、利润和劳动生产率。这一考核评价的方法只是简单地把计划目标和行业生产技术标准进行对照。1978年改革开放后,国家从价值的角度开始强调经济效益,开始注重对企业的利润、成本、产值等价值指标的考核,并以企业的"实现利润"和"上缴利税"指标为主要考核内容,逐步将企业管理纳入以效益为核心的轨道。1982年国家经贸委、国家计委等六部委制定了"企业主要经济效益指标",共16项指标。这些指标全面反映了企业经济效益,不仅有产值、产量、利税指标,还有产品质量、资金使用情况、成本、能耗、劳动生产率等指标。这些指标更多地是为了服务于计划管理,主要从生产的角度来评价企业绩效。从促进和增强企业活力、提高生产效率的角度看,这些评价指标无疑有了很大进步,但在当时的条件下,该方法也存在考核内容过多、计算复杂以及不易推广等明显缺点。

2.4.2 财务指标评价阶段

自我国经济工作重心转移到调整结构和提高经济效益上来以后,绩效评价更加强化效益指标。财务指标评价方法是以财务指标为基础对企业绩效进行的评价。该方法使用净资产收益率、资产保值率等财务指标反映企业一定时期的经营业绩,利用企业的资产负债表、损益表和现金流量表等分析企业的资产运营状况和偿债能力,分析企业资产、收益的结构和变动趋势。随着财务会计理论的发展,财务指标评价得到了广泛的应用。它以统一标准对企业经营成果进行对比,将经济效益分析作为评价的核心内容,采用多种因素进行综合评价分析,并使用分层解剖和递进修正方法,从不同角度反映一个企业的整体绩效面貌。

1992年,我国财政部颁布的《企业财务通则》突破了计划管理的思想,根据经营权和所有权分离的要求，规定了企业绩效评价 8 项指标：资产负债率、流动比率、速动比率、应收账款周转率、存货周转率、资本金利润率、销售利税率和成本费用利润率。这些指标分别从偿债能力、营运能力和获利能力方面对企业的经营业绩进行全面、综合的评价。然而《企业财务通则》规定的财务评价体系仍带有计划经济体制的痕迹，不能很好地适应我国经济体制改革深化和政府职能转变的需要，且没有考虑企业的长期发展和社会贡献等问题。1995 年国家国有资产管理局开始实施国有资产保值增值考核，将国有资产保值增值完成情况与企业提出新增效益工资挂钩。同年，财政部根据国有企业监管的要求、国有资产管理的特点和新财务会计制度的规定，颁发了《企业经济效益评价指标体系（试行）》。这套指标体系由销售利润率、总资产报酬率、资本收益率、保值增值率、资产负债率、流动比率、应收账款周转率、存货周转率、社会贡献率和社会积累率十项指标组成。

1997 年，国家统计局会同国家计委、国家经贸委根据新的形势，对 1992 年颁布的工业经济效益评价体系进行了调整，将原来的六项指标调整为总资产贡献率、资本保值增值率、资产负债率、流动资产周转率、成本费用利润率、全员劳动生产率和产品销售率 7 项指标，对指标权数也重新进行了分配。该评价体系对加强企业财务管理发挥了重要的促进作用。它引导企业从过去注重产值逐步转向注重提高企业综合经济效益，并有利于投资者对企业的经营管理水平做出正确的评价。但是，该指标体系仍然存在一定的缺陷，如没有考虑企业环境保护以及企业对社会责任的履行；没有设置非财务指标，忽视了非财务指标的作用等。

2.4.3　企业绩效评价阶段

随着我国企业绩效评价的作用逐渐得到社会的认同，政府部门开始高度重视企业绩效评价体系的建立和发展。为了有效地对企业经营绩效进行科学评价，财政部等四部委于 1999 年 6 月颁发了《国有资本金效绩评价规则》及《国有资本金效绩评价操作细则》，对国有企业的绩效评价进行了重新规范，重点是评价企业财务效益状况、资产经营状况、偿债能力状况和发展能力状况四方面的内容，初步建立了由 32 项指标构成的企业绩效评价体系。但不论是在理论上还是从实践上，这套绩效评价体系都有待完善。

为适应企业绩效评价工作深入开展的需要，进一步规范企业绩效评价行为，2002 年财政部等五部委对《国有资本金效绩评价操作细则》进行了修订，颁布了《企业效绩评价操作细则》，将原来的 32 项指标缩减为 28 项指标，其中定量指标 20 项，定性指标 8 项。与原评价指标体系相比，该《细则》在评价方法的合理性、可操作性和适应性等方面有了较大的改进，较好地适应了社会主义市场经济的要求。企业绩效评价指标体系的建立，是我国企业绩效评价的一次突破性变革，它考虑了影响企业绩效的综合因素，实现了定量评价和定性评价的结合，统一了评价判断尺度。企业绩效评价方法初步实现了从财务绩效评价向综合绩效评价的转变。

2.5 基于效率的 DEA 绩效分析

国内绩效研究以企业绩效为主，但是产业绩效的研究还是比较多，从检索的文献来看，研究对象包括了铁路、电信、供水、民航等自然垄断产业绩效，以及金融、汽车、石油、钢铁等产业和非营利机构、医院、学校、科研机构及区域经济发展等对象的绩效或市场化绩效。本书主要对江苏省工业投入产出绩效进行研究，由于本书拟重点采用 DEA 方法，所以对相关产业绩效评价研究中采用 DEA 方法的文献给予重点关注。

在国内外与产业绩效相关的研究中，金融业是国内外研究得最多的产业之一。Ana Lozano-Vivasa 和 David B. Humphrey 利用 DEA 的 MPI 方法和参数方法的随机成本前沿分析（Stochastic Cost Frontier）研究了中国银行业的效率，并重点研究了两种方法的应用问题。Kaoru Tone 应用 DEA 方法研究了人寿保险公司的成本效率与规模收益，研究发现，在过去的 19 年中成本效率有显著的差异，而在 1994~1995 年与 2000~2001 年在较大的绩效提升。国内使用 DEA 方法研究金融业绩效的文献也是相对较多。朱南卓、贤董屹应用 DEA 方法评估了中国商业银行的生产效率。文章弥补了国内已有研究无法对有效率的商业银行进行比较的不足,又引入了 DEA "超效率"模型对 2000 年与 2001 年中国最大的 14 家商业银行的效率状况做了排名。研究发现,四大国有商业银行的整体效率要远低于十大股份制商业银行,而员工人数过多是制约国有商业银行效率提高的一大"瓶颈"。采用了 Tobit 回归模型分析影响中国商业银行效率的环境因素。回归结果表明,模糊不清的产权关系和国有商业银行较低的盈利能力是其效率低下的重要原因。

对像大学这样的非完全营利机构和具有某种特殊社会职能的组织进行绩效指标评价,不仅存在困难,其结果也常常备受争议。Necmi K. 用数据包络分析方法研究了澳大利亚大学的绩效。扩展运用了三个模型,即总体绩效模型、提供教育服务绩效模型和免费生教育绩效模型,研究发现,大学在技术效率和规模效率方面取得了良好绩效,但在对免费生提供教育方面仍有很大的提升空间。大多数大学为规模收益递减,说明应该减小大学规模。DEA 方法有助于判别非效率参考集并有针对性地确定需要提升效率的学校,因此,DEA 方法可以作为一种绩效标杆工具,辅助教育当局有效地配置教育资源。自从英国工党执政以来,不少研究试图分析其绩效,也提出不少研究方法,Leigh Drake 和 R. Simper 用四种方法,即 DEA、FDH、超效率(Super-efficiency)、随机前沿分析研究了 1996~1999 年这种公共权力行使的绩效。

DEA 是一种广泛使用的管理分析工具,但是有一个不足是它主要用于事后评价。Toshiyuki Sueyoshi 认为事前预测比事后评价更有意义,并在一随机 DEA 模型中加入"将来"的信息,这种方法在其文章中称为"DEA 未来分析",并用这种方法研究了日本石油产业重组的效果。英国在私有制改革后,规制成为影响经济与公共利益的一个重要方面与途径,Emmanuel Thanassoulis (2000) 使用 DEA 方法研究了英国供水业在采用价格上限规制的绩效。Shiuh-Nan Hwang (2003) 用 DEA 方法研究了中国台湾地区旅馆业效率变化,研究发现,在 45 个旅馆中,在 1994~1998 年 MPI 发生明显变化,并把这种差异的原因归功于管理方式和客户资源状况。James Odeck (2000) 采用 DEA 方法研究了挪威摩托车行业 1989~1991 的生产率变化,研究发现,平均来看,整个行业的成本节省了 21%~29%,而各个企业存在较大的效率差异,效率值出现较大的波动。

总之，对经济效率或绩效的研究一直是经济学和管理学研究的核心主题，研究方法与工具也得到不断的快速拓展与创新。DEA方法以其独有的特点和优势受到人们的关注，其理论模型与实际应用方面都得到迅速发展，取得多方面的成果，并已成为管理科学、系统工程和决策分析、评价技术等领域中一种常用而且重要的分析工具和研究手段。

3 理论方法与数据

理论方法和数据是研究的基础，本章分为三个部分：理论基础、研究方法与数据来源，其中本书主要的理论基础是效率理论和经济发展理论，这是本研究的出发点和立足点。而研究方法，本章简单阐述了相关绩效评价方法，着重介绍了生产函数法、数据包络分析法和随机前沿法，这三种方法是计算效率时最常见的方法，并且结合数据的特殊性，论述了选择数据包络分析为数据处理方法的原因。

3.1 理论基础

3.1.1 效率理论

3.1.1.1 古典经济学中的效率理论

古典经济学中没有明确的效率概念，但是古典经济学派所倡导的经济自由主义认为自由竞争可以使社会财富达到最大，体现了深刻的效率思想。古典学派创始人亚当·斯密在《国富论》中提出经济学的任务是研究如何增加国家和人民的财富，而增加财富的途径主要是靠发展分工来提高工人的劳动生产率以及竞争性的市场机制，也就是靠提高分工效率和竞争效率。在斯密的理论中，他认为社会财富的增加是由于分工提高了劳动生产效率，主要是由于分工使劳动者熟练程度提高，掌握了一定的技巧，分工减少了工人转换工作的时间，因分工而发明的机械的使用，简化了劳动，节省了时间，使一个人可以同时完成多人的工作量。斯密把分工归因于市场交换，他认为交换和竞争共同决定了劳动效率。竞争使生产效率低的企业退出市场，而生产效率高的企业必须以"自然价格"进行交换，从而使得社会资源得到最有效的利用。竞争效率的实质就是配置效率，新古典经济学的配置效率就是在继承古典经济学竞争效率思想的基础上发展起来的。古典经济学的另一个效率思想是宏观经济效率，是指在自由竞争市场机制下，宏观经济是自动均衡的，不存在生产过剩的现象，供给是等于需求的，不会产生资源的闲置或者浪费。巴蒂斯特·萨伊在继承斯密竞争思想的基础上，提出萨伊定理，表明以斯密的自由竞争市场机制为基础的宏观经济是稳定有效的。

3.1.1.2　新古典经济学的效率理论

新古典经济学以资源配置效率为研究对象，旨在寻求资源的最优配置，以达到最大化或最小化的目标。其中最主要的、影响最大的是帕累托最优效率理论。帕累托于1906年基于序数效用论和无差异曲线，分析了"集合体效用极大化"，提出了生产资源配置的"最优效率"理论，他认为当生产资源配置正处于不损害其他人的境况就已经无法使任何一个人的境况变好（或者说，要改善任何一个人的境况都一定要损害其他人的境况）的状态时即为社会资源配置的最优状态，这时生产资源的配置已经使得所有人的社会经济福利总和达到最大值或是"集合体的效用极大化"，这种状态称为"帕累托最优境界"，也就是帕累托最优。帕累托最优是一种理想状态，在现实生活中很难达到，但是帕累托最优成为20世纪以后检验效率的一个很重要的标准。

3.1.1.3　其他主要效率理论

美国经济学家罗伯特·索洛（R·Solow）于1957年发表了《技术变化与总量生产函数》一文，这是第一次在经济增长模型中加入技术进步因素，他将产出的增长分为两部分：一部分是要素投入带来的增长；另一部分是技术进步带来的增长，这一部分是之前未被解释的部分，索洛将其称为技术进步率，因此，这一部分后来被称为"增长余值"或"索洛剩余"，也即全要素生产率。同年，英国经济学家法约尔（Farrell）发表了《生产效率的测量》，把普遍认为的经济效率分为技术效率和配置效率两个部分。技术效率是指一个生产单元,在市场价格不变、生产要素投入比例不变、产出水平不变的情况下,理论上所能达到的最小生产成本占实际生产中的生产成本的比例,或者最小投入水平占实际投入水平的比例。配置效率是指在市场价格不变、产出规模不变的情况下,一个生产单元通过改变各投入要素比例所能达到的最小生产成本占实际生产成本的比例,它所反映的是市场价格不变的情况下,企业最有效的分配投入资源的能力,也就是给定投入价格时生产单元以适当的比例投入各种要素的能力。1966年,勒宾森(Leibenstein)重新定义了技术效率,不同于法约尔的是,他给出的是从产出的角度的定义,他认为技术效率是一个生产单元,在市场价格不变、要素投入规模不变、要素投入比例不变的情况下,实际产出水平占所能达到的最大产出水平的比例。

3.1.2 经济增长理论

经济增长理论是西方经济学家研究解释经济增长规律和其制约因素的经典理论。经简单梳理发现,经济增长理论经历了古典、新凯恩斯主义的"哈罗德—多马"经济增长理论、新古典经济增长理论和新经济增长理论四个发展阶段。古典经济增长理论中,亚当·斯密和大卫·李嘉图作为最具代表性的古典经济学家,提出了技术是促进经济增长的源泉之一。"哈罗德—多马"经济增长理论中,罗伊·哈罗德和埃弗塞·多马通过假定不变的技术和制度条件,仅把劳动生产率看作资本供给的函数而构建了著名的"哈罗德—多马"模型,在1950~1957年,该模型成为发展经济学中极具影响力的模型。该经济增长理论将经济增长与其资本存量相联系,从各个时期来分析各个变量对经济增长的作用,计算出每个时期经济稳定增长的条件:实际增长率=有保证的增长率=自然增长率,而自然增长率则取决于人口和技术进步。

如果说"哈罗德—多马"经济增长理论是资本决定论的代表,那么新古典增长理论的索洛模型则强调技术决定论。1957年,美国经济学家罗伯特·索洛在《技术变化与总生产函数》一文中,建立了新古典增长理论模型,指出了技术对经济增长的贡献,该模型主要强调了技术进步作为外生变量对经济增长的作用，并认为技术进步在全球范围内可以被无限制地获得。该理论指出，如果没有技术进步，人均产出能力仅通过资本积累来提高是很有限的，它会受到收益递减效应、人的储蓄意愿、人口增长率以及资本存量的折旧率等一些因素的交互作用的制约；具体来说，在给定的技术水平下，资本积累的增加导致资本边际收益递减，当资本积累趋近于无穷大时，资本的边际产出会接近于零，这无法解释 GDP 的长期增长现象，因此，新古典增长理论强调了技术进步的作用，技术进步能创造一个更高的利润增长空间，并且只要技术进步，就能促进劳动生产率的提高，换句话说，经济增长下滑只会出现在技术进步停止的情况下。因此，新古典增长理论认为技术进步和国民储蓄是经济增长的决定性因素，技术进步能显著提高经济增长水平。

20 世纪 80 年代中期，以保罗·罗默和罗伯特·卢卡斯为代表的西方经济学家们又提出了新的经济增长理论——内生增长理论，又称为新经济增长理论。该理论认为技术进步是促进经济发展的内生要素，经济增长不仅取决于物质资本的增加，也取决于技术进步，赞同该理论的经济学家认为作为一项内生投入要素的技术水平是保证经济持续增长的决定因素。20 世纪 90 年代，罗默提出内生经济增长的创新模型，该模型有三个前提：第一，技术变革是经济增长的基本推动力量；第二，技术变革是内生的，取决于企业的财务动机；第三，知识、技术是非竞争性产品，它生产出来后可以无代价地重复使用。新增长理论认为，科技创新会降低产品的生产成本，或是生产出卖价更高的新产品，这会直接为企业带来更高的经济利润，高额的经济利润将成为企业技术科技研发的动力，技术成为经济增长的内生要素，但企业间的竞争加剧将会降低利润水平。

由此可见，提高科技投入、增加研发成果和促进技术进步对经济增长发挥了重要作用。虽然经济增长理论普遍应用在宏观领域内，但随着经济学家研究的深入和技术进步对企业贡献的逐步增大，如今相关的研究方法和模型已广泛地运用到企业层次的微观领域中。比如，现代许多经济学家通过柯布—道格拉斯生产函数模型或是改进的生产函数模型，对企业科技投入的经济效果进行研究，这些微观层次的研究结果对企业发展有着重要的指导意义。

3.2 分析方法

3.2.1 生产函数法

生产函数表示各种生产要素组合投入量与产出量之间的关系，生产要素投入与产出之间存在着映射关系，也就是说，投入一定数量的生产要素，必然会有一定的产出与之相对应，而这种映射关系就可以表示成函数。总之，生产函数是指在既定的技术条件下，投入一定数量的生产要素组合与它所能带来的最大产出之间存在的依存关系。

在测度企业投入产出绩效的方法中，柯布—道格拉斯生产函数（简称C-D生产函数）是最为著名的生产函数法。该函数是由美国数学家柯布和经济学家保罗·道格拉斯在1928年共同研究生产要素投入和其产出之间的关系时所创。在引入技术这一要素之后，C-D生产函数已经被广泛应用于分析国家和地区的工业系统的投入产出绩效的研究中。C-D生产函数模型是目前国际上研究知识生产和技术创新及其决定因素的重要理论模型，其基本形式为：$Y = AK^{\alpha_1} L^{\alpha_2}$。其中，Y是实际产出，K是资本，L是劳动投入，A是技术水平，也可称为全要素生产率。全要素生产率（TFP）也是经济学家常用的衡量生产效率的重要指标，表示产出增长率超过要素投入增长率的部分，主要通过效率改善、技术进步和规模效应得到提升。因其由美国经济学家、诺贝尔经济学奖获得者罗伯特·索罗最早提出，所以全要素生产率也可称作"索罗余值"，是指一定时间内生产活动的效率。20世纪中期，罗伯特·索罗通过假设生产函数规模不变，指出全要素生产率源于技术进步，如果一个企业的全要素生产率提高了，就意味着企业科技进步，获取相同的产出水平所需要的投入就更少。同时，一个地区、产业和企业的科技进步水平通常也可以由全要素生产率的增长率来评价，所谓全要素生产率的增长，通常叫作技术进步率，索洛等经济学家将其视为经济长期增长来源的一个方面。

3.2.2 数据包络分析法和 Malmquist 指数法

DEA 即 Data Envelopment Analysis 的缩写，1978 年，由著名的运筹学家 A. Charnes、W. W. Cooper 和 E. Rhodes 提出第一个 DEA 模型。它把单输入单输出的工程效率概念推广到多输入多输出同类决策单元（DMU）的有效性评价中去，极大地丰富了微观经济中的生产函数理论及其应用技术，同时在避免主观因素、简化算法、减少误差等方面有着不可低估的优越性。DEA 是使用数学规划模型评价具有多个输入多个输出的"部门"或"单位"（决策单元，简记 DMU）间的相对有效性（DEA 有效）。根据对各 DMU 的观察数据判断 DMU 是否为 DEA 有效，本质上是判断 DMU 是否位于生产可能集的"生产前沿面"上。生产前沿面是经济学中生产函数向多产出情况的一种推广。使用 DEA 方法和模型可以确定生产前沿面的结构，因此又可将 DEA 看作是一种非参数的统计估计方法。使用 DEA 对 DMU 进行效率评价时，可以得到很多在经济学中具有深刻经济含义和背景的信息，因而 DEA 方法一出现就以其独有的特点和优势受到人们的关注，不论在理论研究还是在实际应用方面都得到迅速发展，并取得多方面的成果，现已成为管理科学、系统工程和决策分析、评价技术等领域中一种常用而且重要的分析工具和研究手段。自 1978 年以来，DEA 方法发展极其迅速，在理论和应用上均产生了较大的影响。这主要表现在以下几个方面：①DEA 模型的进展、对权重的改进、对输入输出方面的改进、对决策单元的改进、综合 DEA 模型的研究、DEA 模型应用空间的推广。②DEA 相关理论的进展：对 DEA 有效性的研究、数据变换不变性的研究、灵敏度分析、DEA 方法与其他方法的比较研究。③DEA 应用的进展：目前其应用领域已经十分广泛，主要有技术经济管理、各种资源的优化配置、绩效评估、人力资源素质测评、技术创新、技术进步、银行管理、金融投资、组合博弈、风险性评价、产业行业结构分析、文化设施绩效评价等。从上述 DEA 的研究进展情况和应用情况，我们可以得知 DEA 的应用非常广泛。

Malmquist 指数是 1953 年瑞典经济学家 Sten Malmquist 研究消费分析时所提出的，1982 年首次被 Caves 等经济学家用于生产率变化的测算，此后，研究学者进一步将该指数与 DEA 理论相结合，因其能较好地刻画相对效率的动态变化，Malmquist 指数广泛应用于生产率测算中。Farre 等则通过将 DEA 方法和 Malmquist 指数有效结合起来，构造出了全要素生产率变动指数。两者的有效结合主要是因为该指数是根据距离函数所构建的，而该距离函数恰好是 DEA 理论 CCR 模型和 BCC 模型中最优值的倒数。当前，Malmquist 指数被广泛应用于分析和测量全要素生产率的变动和增长的动态变化，一般可分为相对技术效率变动、技术进步的变化和规模效率的变动。总的来说，当 Malmquist 指数>1，表明从当期到下一期效率提高了，即生产力有效性提高了；当 Malmquist 指数<1，表明从当期到下一期的效率下降了，即生产力有效性降低了；当 Malmquist 指数=1，表明从当期到下一期的效率水平没有变化，即生产力有效性不变。

3.2.3 随机前沿生产函数法

1957 年，Farrell 在研究生产有效性问题时提出了前沿生产函数（Frontier Production Function）的概念。前沿面是指不断地变换既定的投入要素的组合理论上能达到的最大产出，前沿面是一种理想状态，实践中很难达到，相当于新古典经济学中的帕累托最优。前沿生产函数反映了在一定的技术条件和既定生产要素情况下，生产要素的各投入组合与最大产出之间的函数关系，这时就可以得到不同的投入组合下的实际产出与最大产出之间的差距，即得到企业的技术效率。

前沿生产函数的研究方法主要分为参数方法和非参数方法。参数方法主要是确定性前沿生产函数法和随机前沿生产函数法（Stochastic Frontier Production Function，SFA），非参数方法主要是数据包络分析法（DEA）。确定性前沿生产函数法把所有误差归入一个误差项，没有把随机因素的影响考虑在内，而随机前沿生产函数法把误差分为随机误差和技术损失误差，分别用于计算系统非效率和技术非效率，比确定性前沿生产函数法更贴合实际。随机前沿生产函数法是 Aigner、Lovell、Schmidt 和 Meeusen、Van den Broeck 分别独立提出来的。其实质是通过选定生产函数模型，用极大似然法或最小二乘法估计出各个参数值，然后用技术无效率项的条件期望作为技术效率值的估计值，求出技术效率并进行评价。该方法依赖于对数据的随机性假设，充分利用了各个样本的信息，计算结果受极值点影响较小，可靠性高，有坚实的理论基础，可通过假设检验判断拟合质量；该方法是以生产函数为基础的，一般用于单一产出的情况，而多产出的情况计算复杂，不常使用。

在绩效评价中，随机前沿生产函数法以其优势发挥着重要作用。朱有为、徐康宁以新产品销售收入为产出指标，研发资本存量和研发人员折合全时当量为投入指标，用随机前沿生产函数法对我国高技术产业 13 个行业的研发效率进行了测度，并分别分析了市场结构、企业规模、企业所有权结构对研发效率的影响。王辉运用随机前沿分析法对我国全国范围、东中西部地区和 30 个省市区的农村区域技术效率进行测算，研究结果表明，造成全国农村区域收入差距的是劳均物质资本和劳均人力资本，东中西部内部差距的影响因素各不相同，技术非效率对产出差距影响微小，但对中部和西部地区内部差距的影响越来越大。

3.2.4　其他绩效分析法

在绩效评价方面除了上述三种主要的效率分析方法以外还有很多方法，例如层次分析法、因子分析法、灰色关联度分析法、平衡计分法等。层次分析法（Analytic Hierarchy Process，AHP）是美国著名运筹学家托马斯·萨蒂（T. L. Satty）等在 20 世纪 70 年代提出的一种决策分析方法，其主要是运用定性分析和定量分析来解决多目标多准则问题。其实质是通过对复杂问题的本质、内在因素进行深入分析，从而把决策问题的有关元素分解成目标层、准则层、方案层等，形成多层次分析结构模型，通过对每一层次元素的两两比较，确定判断矩阵，从而计算出某一层的元素相对于上一层其支配元素的相对重要性权值，用上一层次因素本身的权值加权综合，确定出层次总排序权值，确定备选方案的排序。因子分析法最早是由英国心理学家斯皮尔曼（Charles Edward Spearman）提出的，就是用少数几个容易解释的公因子去研究相对较多的原始指标之间内在联系的多元统计信息方法。因子分析的目的是通过寻找多个指标之间的相关关系，确定互不相关的几个公因子代替原始指标进行分析。灰色系统理论主要研究只知道少部分信息的灰色系统,主要是利用已知的信息来确定未知信息。灰色关联分析是一种基于灰色系统理论的多因素统计分析方法,它通过计算得出各个体的相似程度,通过比较相似程度的大小来得出个体间关系的强弱、大小,并把各个体进行排序。灰色关联分析的优点是对数据没有严格的要求,不要求服从任何分布,且计算量小,便于广泛应用,一般应用于数据量较小的灰色系统的评价。平衡计分卡的概念是由哈佛商学院教授卡普兰(Robert S. Kaplan)和诺顿(David Norton)于 1992 年提出的,旨在找出一种绩效评价模式使组织策略得以实施。该方法认为应该从财务、顾客、内部经营过程、学习与成长四个方面来评价业绩,这四个方面相互联系、相互影响,最终保证了财务指标的实现。

3.2.5 绩效分析方法的选择

本书的主要研究分为两个部分:一个是财务指标计算求工业投入产出绩效;另一个是基于效率角度的工业投入产出绩效研究。而效率的计算主要是前三种方法:生产函数法、数据包络分析法和 Malmquist 指数法、随机前沿生产函数法。由于本书数据来源是 2014 年第三次经济普查的 2013 年单年的数据,以及 2008 年第二次经济普查的单年数据,数据不具备连续性,且数据样本缺少部分价格因素,所以我们选择了不受价格因素影响且能处理单年数据的数据包络分析法来处理本书的效率计算。DEA 方法在处理效率分析中应用广泛。Desheng Dash Wu 等结合 Malmquist 指数(MI)和 DEA 评估中国台湾集成电路产业的生产率和生产效率。Anatoliy G. Goncharuk 用 DEA 测算乌克兰工业效率的变化,并用 Malmquist 全要素生产率指数评价政治因素的变化对工业效率的影响,提出相应的改进措施。Mukesh Kumar 等在规模收益可变的假设下用 DEA 对印度食品加工业的生产率指数进行测算,以此来分析影响生产率指数的因素。Edvardsen 使用 DEA 研究 2001 年挪威建筑业企业的效率,发现高技术工资、低学徒比例更有利于提高效率。李忠富、邹心勇 2007 年用 DEA 计算中国建筑业全要素生产率平均增长率。李连泉(2015)用超效率 DEA 方法评价了低下工程震害应急方案的全要素效率。

3.3 数据来源与筛选

本书使用的主要数据来源于江苏省 2014 年第三次经济普查、2008 年的江苏省第二次经济普查和 2000~2014 年的《江苏省统计年鉴》。该数据包括工业总产值、从业人员人数、固定资产投入等投入产出指标。因为主要是单年数据,不存在价格指数上的平减处理。但是在第二次经济普查和第三次经济普查数据的对比中,由于第二次经济普查中缺少从业人员工资总额、营业税金及附加、本年折旧、营业收入,且没有应付职工薪酬,所以在做效益分析时,做了部分替代,具体替代方法在第 8 章中将具体解释。从总体上看,江苏省各市的行业分布比较均匀,各市没有涉及的行业相对一致(见表 3.1),江苏省主要空缺的行业集中在采矿业和烟草行业,即使有的市有这些行业,其产值也比较小,这些行业的发展在很大程度上受限于地理资源条件和政策要求。所以下文的分析中,将删除江苏省完全空缺的行业。

表 3.1 江苏省 13 市空缺的行业分布

市 行业	南京	无锡	徐州	常州	苏州	南通	连云港	淮安	盐城	扬州	镇江	泰州	宿迁	共计
其他采矿业	无	无	无	无	无	无	无	无	无	无	无	无	无	13
石油和天然气开采业	无	无	无	无	无	无	无	无		无	无	无	无	12
开采辅助活动	无	无	无	无	无	无	无		无	无	无	无	无	12
煤炭开采和洗选业	无	无		无	无	无	无	无	无	无	无	无	无	11
有色金属矿采选业		无		无	无	无	无	无	无	无		无	无	9
烟草制品业		无		无	无		无	无	无		无	无		8
黑色金属矿采选业		无		无	无		无	无	无	无		无		7
金属制品业					无	无				无	无			4
非金属矿采选业		无				无				无		无		4

4 江苏省工业投入产出绩效评价指标分析

要全面了解和描述 2014 年江苏省工业经济发展状况，显然避不开工业细分行业有关财务指标和效率指标的整理和重构。本章主要对江苏省工业分地区和细分（二位数）行业的有关财务指标进行估算和调整，以描述经济绩效情况。本章分为五小节，分别从工业总产值、人均工业总产值和高技术产业占比，工业增长率和工业利润增长率，总资产贡献率、流动资产周转率、产品销售率和全员劳动生产率，用功效系数法构造综合评价指数，其他盈利指标包括产值利税率、资金利税率、销售利润率这五个部分全方面介绍江苏省工业投入产出绩效情况。

4.1 工业总产值、人均工业总产值和高技术产业占比

工业总产值指工业企业在报告期内生产的以货币形式表现的工业最终产品和提供工业劳务活动的总价值量。在计算工业总产值时，常遵循工业生产的原则、最终产品的原则和"工厂法"原则这三大原则。工业总产值包括了生产的成品价值、对外加工费收入、自制半成品在制品期末期初差额价值。工业总产值的多少反映了该地区或该行业总的生产能力。但是人均工业产值则更能反映出工业化程度和劳动生产率，工业就业人数占总就业人数的比重增加，或者

工业的劳动生产率改善，都将导致人均工业产值提高（见附表4.1）。

附表4.1中按照13市的工业总产值降序排列，可以发现苏州市遥遥领先，无锡市、南京市分居第二、第三位。除了上面三个市，南通、徐州、常州以微小的差距居第四至第六位，这样的排序和一般的"苏南、苏中地区生产力高于苏北地区"的认知是一致的。说明这些市从生产总量上看，有比较强的生产力。但是从人均产值来看，排序发生了巨大的改变，连云港市以人均162.94万元的产值遥遥领先，其次是泰州、南京、徐州、镇江市，这排序和总产值排序存在明显差异，尤其是苏州位列第12位。分析这种情况可发现，连云港市近60%的总产值是化学原料和化学制品制造业、黑色金属冶炼和压延加工业、非金属矿物制品业、医药制造业、农副食品加工业、石油加工、炼焦和核燃料加工业创造的，这7个行业中化学原料和化学制品制造业、黑色金属冶炼和压延加工业、农副食品加工业、石油加工、炼焦和核燃料加工业均有高于200万元的人均产值，这在极大程度上拉高了连云港地区的人均产值，但是这些行业有着非常强的地区资源限制或者高污染高能耗，尤其是化学原料和化学制品制造业在产业的发展和转型中是需要调整或迁移的行业，所以这样的高产值很可能是用资源或环境换取的，并不符合现在的产业需求。而且这些产业需要的资本投入量极大，在综合计算资本和劳动力投入后并不一定能有较高的生产绩效。而苏州近1/3的产值是由计算机、通信和其他电子设备制造业创造的，其次分别是黑色金属冶炼和压延加工业、电气机械和器材制造业以及通用设备制造业，这些产业除了黑色金属冶炼和压延加工业外，其他的人均产值均在91万~94万元，所以苏州市总的平均产值在94.73万元，这些产业大多属于高技术产业，应该有较高的技术效率。

从附表4.2可以看出江苏省各个行业的工业总产值和人均工业产值有很大的差异。江苏省各行业的工业总产值中有四个行业总产值超10000亿元，分别是计算机、通信和其他电子设备制造业，化学原料和化学制品制造业，电气机械和器材制造业，黑色金属冶炼和压延加工业。而低于100亿元的有五个行业，这个五个行业均是附表4.1中提及的在江苏省内有多市空缺的行业，所以其数据没有代表性。除此之外，总产值最低的是（从低到高排序）水的生产和供应业、家具制造业、其他制造业，这些行业产值都小于300亿元。人均产值的排序和总产值排序完全不同，人均产值第 1 名的是烟草制品业，为 769 万元/人，剩下只有石油加工、炼焦和核燃料加工业超 700 万元/人。在这两个行业之后是电力、热力生产和供应业、废弃资源综合利用业、有色金属冶炼和压延加工业、燃气生产和供应业、黑色金属冶炼和压延加工业、化学原料和化学制品制造业这 6 个产业，人均产值均在 200 万~300 万元/人。而总产值排第 1 的计算机、通信和其他电子设备制造业仅在第 23 位，总产值排名第 3 的电气机械和器材制造业的人均产值 136.5 万元/人，排 14 位。

高技术产业所占比重反映了工业的内部结构，比重越高说明工业的技术密集程度越高，工业创造盈利、保持高速增长和带动经济发展的可能性也就越大。按照《高技术产业（制造业）分类（2013）》，高技术产业（制造业）具体包括医药制造业，航空、航天器及设备制造业，电子及通讯设备制造业，计算机及办公设备制造业，医疗仪器设备及仪器仪表制造业。在现有的数据中，仅有两个行业，所以拟将医药制造业，铁路、船舶、航空航天和其他运输设备制造业，计算机、通信和其他电子设备制造业和仪器仪表制造业四个行业的总和当作高技术产业的生产总值（见附表 4.3）。从附表 4.3 中可以看出苏州市的高技术产业无论是总量或是占总产值的比重，都是遥遥领先。

将人均产值和高技术产业产值占总产值的比重指标构成工业绩效指数能够对工业现状和发展前景进行综合评价。构建工业绩效指数和工业驱动力指数必须对各指标进行标准化处理。设 i 市的 X 指标值为 X_i，那么 i 市指标的指数 I_{xi}，计算公式如下：

$$I_{xi}=\frac{X_i-\text{Min}(X)}{\text{Max}(X)-\text{Min}(X)} \qquad (4-1)$$

根据公式通过计算指标值与样本集合中指标最小值的差，并与样本集合中指标最大值和指标最小值的差相除，从而得到相应指数值。显然，指标值最高者的指数值为 1，而指标值最低者的指数值为 0，其余样本的指数值位于 0~1 的闭区间内。工业绩效指数为人均工业增加值指数和高技术产业增加值占工业增加值比重指数的算术平均值（见附表 4.4），该工业绩效能从工业化程度、工业劳动生产率和技术密集程度三方面反映工业的表现和能力。

附表 4.4 将江苏省 13 市根据工业绩效指数降序排列，泰州、南京、连云港市位居前 3。除了上述三个市，苏州是工业绩效指数最高的地区，也是高技术指数最高的地区。前四个地区的工业绩效均高于 0.5。苏州之后分别是镇江、徐州，工业绩效指数在 0.44 左右。前 6 名地区的高技术指数和人均产值指数的差异比较大，尤其是连云港和苏州地区，这说明在人力和技术的投入产出效率上存在相当大的差异性。而排名 7~10 位的淮安、南通、扬州、无锡，工业绩效指数在 0.3550~0.3853，且高技术指数和人均产值指数的差异不大，淮安和南通、扬州、无锡在同一水平上，说明它具有较强的工业竞争力。盐城、宿迁排在了最后两位，说明从综合工业化程度、工业劳动生产率和技术密集程度三方面来看它们处于劣势。工业绩效指数由两个指数构成，所以其数值受到它们的共同影响。通过统计分析，我们发现人均工业产值指数和高技术产业产值占工业总产值比重指数之间的相关系数仅为 0.316，属于低度相关。可以通过由两个指数构成的二维矩阵来分别分析各地区的工业化程度、工业劳动生产率和工业技术密集程度分别在江苏省的所处地位。将各地区按照人均工业产值指数和高技术产业产值比重指数的大小分别分为数目大致相等的两组，并表示在二维矩阵里，如图 4.1 所示。

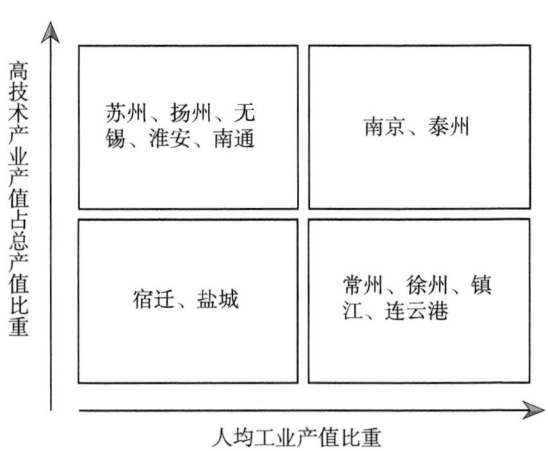

图 4.1 按人均工业产值指数和高技术产业产值比重指数排序的二维矩阵图

观察图4.1可以发现江苏省13个地区有四个地区两指标排位相符，其中两个地区为双高类型，两个地区为双低类型。其余地区人均工业产值和高技术产业所占比重的全省排位则并不一致。常州、徐州、镇江、连云港属于高人均产值—低高技术产业比重类型，这些地区都具有良好的工业基础，但是没有及时实行工业结构升级，在高技术产业方面相对发展落后了。另外5个高技术产业比重—低人均产值类型地区包括苏州、扬州、无锡、淮安、南通，其中苏州、无锡、南通三个是工业产值大市，这些市可能是因为高技术的高度发展，处在工业结构升级带动工业发展的进程中，人均产值略显不足。而淮安没有良好的工业基础，但高技术产业发展势头良好，有发展的潜力。可见，工业相对落后地区通过利用高技术产业高附加值、高技术含量和高利润的特性，发展高技术产业可成为赶超工业发达地区的一条有效途径。

4.2 工业增长率和工业利润增长率

人们习惯从宏观角度衡量工业经济绩效时用产值（如工业总产值、净产值、增加值等）及其增长率指标。然而在我国目前的经济增长方式下，长期影响我国工业绩效的主要问题不是速度过慢的问题，而是经济增长中泡沫太多、经济增长质量低下的问题。由于工业经济的发展缺乏实实在在的内容，有时甚至产值增长越快，经济结构等深层次的矛盾越突出，绩效越低。所以笼统地以产值的多少和增长率的高低来判断工业绩效是不可取的，至少是不全面的。而作为社会剩余的工业利润能够更好地反映工业活动的最终效果和运行质量，因此，为了更有效地对工业绩效进行描述，除了考虑产值增长指标外，还应该考虑引入利润增长指标，将宏观的工业绩效变动率看作工业产值增长率和工业利润增长率的函数。为了区分对工业绩效影响力的大小，分别赋予两者不同的权重系数。考虑到我国目前所处的经济发展阶段，两者的权重暂且定为0.6和0.4。故有公式：

工业绩效变动率＝工业产值增长率×0.6＋工业利润增长率×0.4

在本书中使用的数据是 2014 年经济普查数据,但是 2013 年并没有经济普查数据,所以选用的是 2003~2013 年《江苏省统计年鉴》上的对应数据求得工业总产值增长率,独立核算工业企业的利税增长率资料以及由此计算出的工业绩效变动率见附表 4.5。

从图 4.2~图 4.5 中可以看出,江苏省 13 市,除了苏州和无锡市的工业绩效变动率有下降波动外,其他 11 市均保持着上升态势,其中宿迁市的增长速度最快,2013 年比 2002 年增加了近 37 倍。比较图 4.3~图 4.5 可以看出,越是经济发达的地区,工业绩效变动率越低,苏南、苏中、苏北的工业绩效变动率依次增高,尤其是在 2008 年以后苏北地区出现高速增长。这说明苏北地区的工业生产早期基础薄弱,基数相对较小,在苏南、苏中地区的产业向苏北转移的影响下,工业发展被带动,取得了不错的成效。但是从总量上看苏北地区还是远远落后于苏中、苏南地区的。

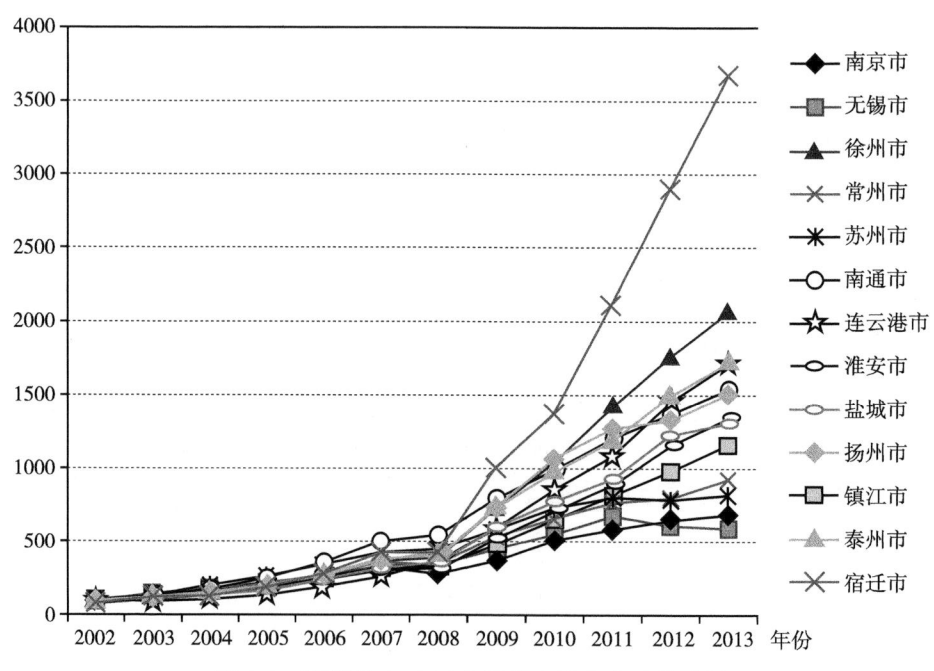

图 4.2　江苏省 13 市工业绩效变动率变动趋势图

4 江苏省工业投入产出绩效评价指标分析

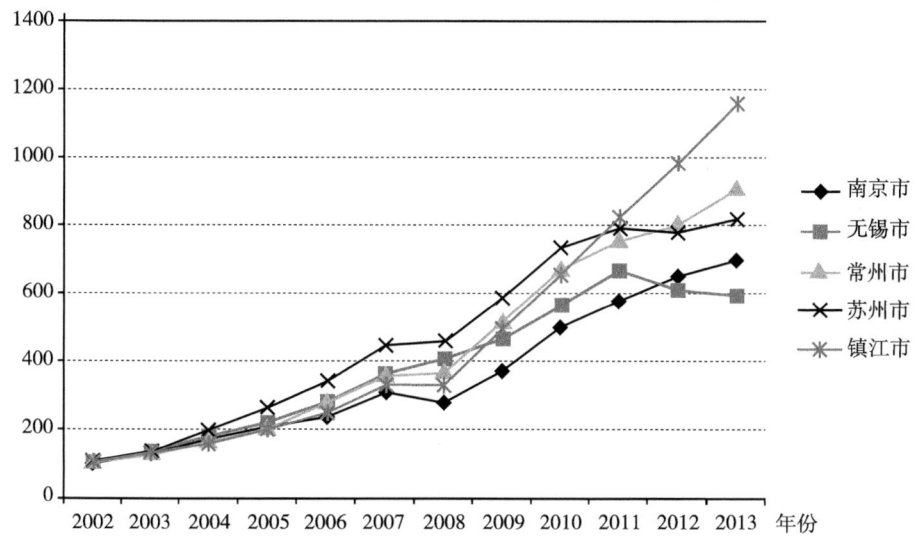

图 4.3 苏南 5 市工业绩效变动率变动趋势图

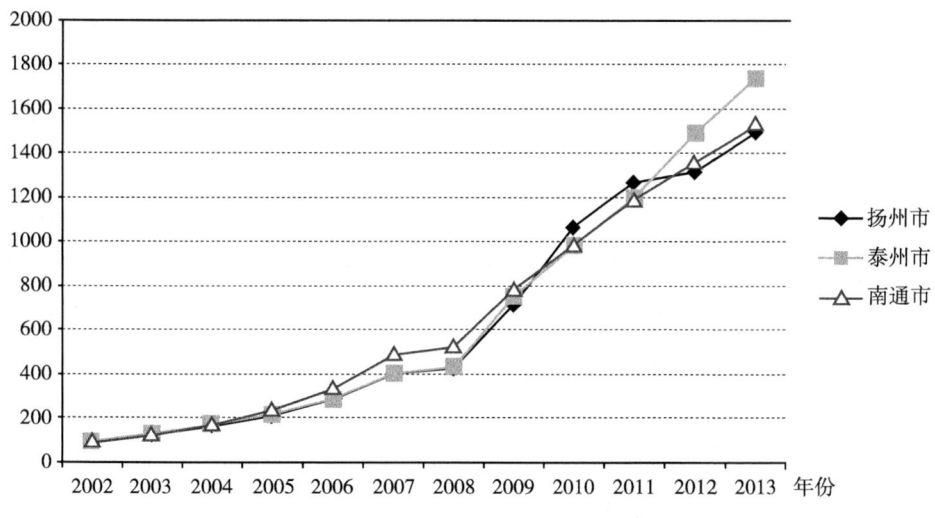

图 4.4 苏中 3 市工业绩效变动率变动趋势图

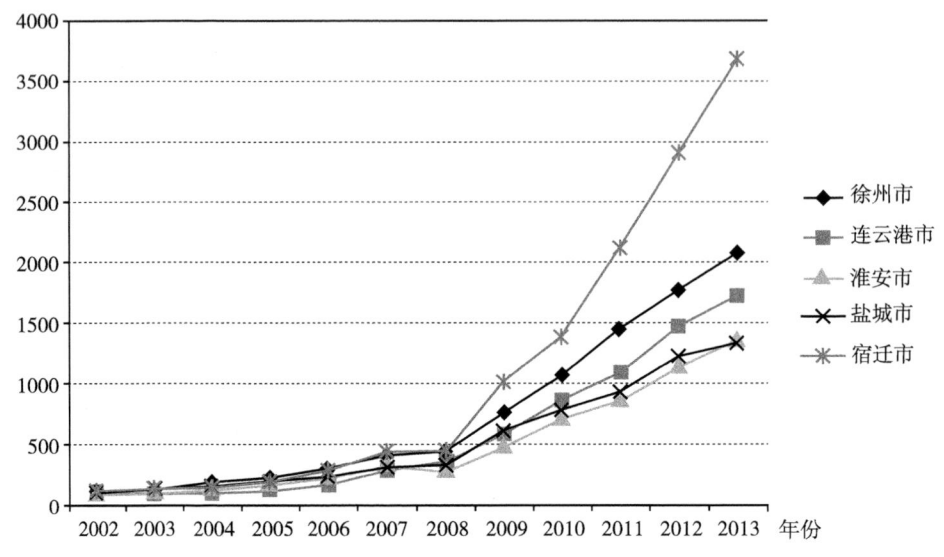

图 4.5　苏北 5 市工业绩效变动率变动趋势图

江苏省 2003~2013 年的行业分组分别在 2005 年和 2011 年发生过调整，为了保持上下研究的一致性，我们对数据进行处理。在采矿业中开采辅助活动，是 2012 年新分出的项目，之前年份无法将此行业数据分离，且仅有 2011 年和 2012 年有该指标，所以将其直接省去。在 2011 年后交通运输设备制造业被分成了汽车制造业、铁路、船舶、航空航天和其他运输设备制造业，将这两项合并。在 2011 年之前橡胶和塑料制品业是分为橡胶制品业和塑料制品业，将这两个行业合并。2002 年没有废弃资源和废旧材料回收加工业，所以以 2003 年作为基期。2011 年以后，多了金属制品、机械和设备修理业，但该项之前分属于多个行业分组，不好分割，2011 年以前年份也不好分离，由于数值不大，予以删除。其他采矿业仅有 2005~2007 年的数据，数据较小，删除后不影响行业分析，予以删除。且 2008 年经济普查后，江苏省对各个行业的总产值等经济指标做了调整，我们使用 2010 年公布的调整后的数据。石油和天然气开采业的数据在 2013 年是缺失的，使用第三次经济普查数据补充。数据处理以后，其工业总产值增长率和利税总额增长率结果见附表 4.6、附表 4.7，工业绩效变动率见附表 4.8。这些行业中煤气生产和供应业增长率最高，2013 年是 2003 年的 77 倍多；其次是废弃资源和废旧材料回收加工业和仪器仪表及文化

4 江苏省工业投入产出绩效评价指标分析

办公用机械制造业;增长变动最小的是其他制造业,2002~2013年仅发展了两倍多。

大多数行业在 2005 年以前都处在相对低速的发展阶段,这可能是因为 1998 年东南亚经济危机爆发,受宏观经济形势的影响,社会经济的增长速度开始放缓,这一点可从以后几年的 GDP 增长率的变化趋势看出。经济增长速度的放缓影响到国民经济的诸多方面,在该阶段,受经济形势的影响,各行业发展速度较慢。2005~2008 年中国经济开始高速增长,各行业的生产总值和利税额都得到了快速的增加,各行业的效益评价值呈迅速增加趋势。这可能是因为经济形势好转,前一阶段投资效果在这一阶段得以充分体现。而 2009 年受到 2008 年金融危机的影响,行业的发展发生波动,但是在 2010 年迅速恢复原来的发展水平,并开启新一轮上升。

4.3 总资产贡献率、流动资产周转率、产品销售率和全员劳动生产率

描述工业绩效的指标中最为直接也最为常用的很显然是利润率指标。由于本书使用的是行业数据,很多微观指标难以构造,因此这里应用江苏省第三次经济普查中提供的总资产贡献率进行绩效分析。总资产贡献率反映企业全部资产的获利能力,是评价企业盈利能力的核心指标。其公式为:总资产贡献率(%)=利润总额+税金总额+利息支出/平均资产总额×100%。2013 年,规模以上工业企业法人单位总资产贡献率为 15.8%,比 2008 年提高了 0.8 个百分点。其中,采矿业为 11%,比 2008 年下降 14.2 个百分点;制造业为 16.3%,比 2008 年上升 0.6 个百分点;电力、热力、燃气及水生产和供应业为 11.1%,比 2008 年上升 4.4 个百分点(见附表 4.9)。

附表 4.9 中一个显著的特征是 2013 年总资产贡献率多数处于两位数水平,在 41 个行业中只有煤炭开采和洗选业、其他采矿业(江苏省无该行业)、造纸和纸制品业、化学纤维制造业、废弃资源综合利用业、水的生产和供应业六个行业为一位数绩效,说明江苏省大多数行业都拥有良好的生产绩效。在所有

行业中,烟草制品业以及石油加工、炼焦和核燃料加工业位列总资产贡献率的前两名,说明这种垄断型行业相对而言有着较高的利润。在非垄断型行业中,木材加工和木、竹、藤、棕、草制品业,皮革、毛皮、羽毛及其制品和制鞋业,农副食品加工业,其他制造业的总资产贡献率表现较为优越,我们通常鼓励发展的高技术产业,只有医药制造业达到了25.5%的总资产贡献率,而计算机、通信和其他电子设备制造业以及航空航天和其他运输设备制造业的总资产贡献率仅为11%~12%,这也能解释为什么那些高技术为主的地区的总资产贡献率反而不如一些传统工业的地区,例如苏州、无锡的总资产贡献率排名仅列第11、第12。

流动资产周转率反映了企业流动资产的周转速度,是评价企业流动资产利用效率的核心指标。流动资产周转率是从企业全部资产中流动性最强的流动资产角度对企业资产的利用效率进行分析,以进一步揭示影响企业资产质量的主要因素。要实现该指标的良性变动,应以主营业务收入增幅高于流动资产增幅做保证。通过该指标的对比分析,可以促进企业加强内部管理,充分有效地利用流动资产,如降低成本、调动暂时闲置的货币资金用于短期投资创造收益等,还可以促进企业采取措施扩大销售,提高流动资产的综合使用效率。一般情况下,该指标越高,表明企业流动资产周转速度越快,利用越好。在较快的周转速度下,流动资产会相对节约,相当于流动资产投入的增加,在一定程度上增强了企业的盈利能力;而周转速度慢,则需要补充流动资金参加周转,会形成资金浪费,降低企业盈利能力。其计算公式为:流动资产周转次数=产品销售收入/全部流动资产平均余额。从附表4.10中可以看出苏北地区的流动资产周转率高于苏南地区。各行业的资金周转率排名中(附表4.9),石油加工、炼焦和核燃料加工业以5.75排名第1,第2名是木材加工和木、竹、藤、棕、草制品业。随后是其他制造业、农副食品加工业、皮革、毛皮、羽毛及其制品和制鞋业,流动资产周转率在4次以上。流动资产周转率最低的是水的生产和供应业,仅为0.41次。

产品销售率反映了企业产品已实现销售的程度,是分析工业产销衔接情况、研究工业产品满足社会需求的指标。其计算公式为:产品销售率(%)=工业销售产值/工业总产值×100%。从附表4.10中可以看出江苏省13市的产品销售率都非常高,均在98%以上,说明各市的产品销售情况都很好,资金回笼能力强。各行业的产品销售率也均在97%以上,没有出现严重滞销的行业,其中酒、饮料和精制茶制造业、黑色金属矿采选业、开采辅助活动三个行业实现了100%及以上的产品销售率(见附表4.9)。

全员劳动生产率反映了企业生产效率和劳动投入的经济效益。计算公式为:全员劳动生产率(元/人)=工业增加值/全部从业人员平均人数。工业增加值是指工业企业在报告期内以货币形式表现的工业生产活动的最终成果;是工业企业全部生产活动的总成果扣除了生产过程中消耗或转移的物质产品和劳务价值后的余额;是工业企业生产过程中新增加的价值。按生产法计算工业增加值的公式为:工业增加值=工业总产值(现价、新规定)-工业中间投入+本期应交增值税。但在经济普查方案中缺少中间投入,所以选择用应交增值税/17%来估算工业增加值,并计算全员劳动生产率,结果见附表4.10,可以发现全员劳动生产率排名前三的地区是泰州、徐州和连云港。全员劳动生产率最高的行业是烟草业,虽然烟草业的流动资产周转率非常低,仅为1.39,但是它的全员劳动生产率高达587.8万元/人,可能是因为烟草业的高垄断利润。全员劳动生产率最低的是计算机、通信和其他电子设备制造业。

4.4 用功效系数法构造综合评价指数

工业是江苏省的主要经济基础产业部门,对该省经济增长有巨大影响。截至2013年,江苏省工业总产值占全省经济总产值的比重为42.7%。从中可以看出,江苏省工业产业发展绩效的高低对该省经济持续、稳定、健康增长具有十分重要的意义。本节采用工业经济绩效综合指标体系评价方法,对该省的工业经济绩效情况做出一个整体的分析与评价。工业经济绩效综合指标体系评价方法是1997年由国家经贸委、国家计划委员会、国家统计局公布的工业绩效考核指标体系。但是在每个指标体系评价方法上,本节将采用功效系数法来构造综合评价指数,而不采用原先的综合指数法。此外,在综合指数权数的选取上,本节也将采用计量经济学主因素分析法来确定相关指标的权重。采用功效系数法可以避免在不同要素禀赋前提下对某些行业经济效益的低估或者高估,可以有效地在同一口径下对江苏省工业经济的整体情况进行合理的分析与评价；采用主因素分析法则可以避免以往人为对权数的控制，可以更科学有效、动态地展现整个工业经济绩效的全体面貌。

绩效的评价指标有总资产贡献率、资产负债率、资本保值增值率、流动资金周转率、成本费用利润率、全员劳动生产率以及产品销售率7项指标，上一节根据数据的可得性计算出总资产贡献率、流动资产周转率、产品销售率和全员劳动生产率四项指标。传统的工业经济绩效综合指标体系构建方法是采用综合指数的构造方法，但是其标准值和得分均忽略了地方区域经济比较优势和要素禀赋结构等因素，因此往往对地方工业经济绩效评价存在一定缺陷。因此，本节将采用一种功效系数评价法。其基本方法为：首先，对以上4项指标分别进行指数化构造。这里需要注意的是在指标指数化的过程中也存在正向指标和逆向指标的问题。其进行指数化的具体构造方法如下：当功效指标为正向指标时，其基本计算公式为：

$$d_i = \frac{x_i - x_{min}}{x_{max} - x_{min}} \times 10 \qquad (4-2)$$

其中 x_i 为第 i 个指标的实际值；x_{min}、x_{max} 分别为第 i 个指标中的最小值和最大值。

当功效指标为逆向指标时，其功效指数构建方法与正向指标不同，其基本计算公式为：

$$d_i = \frac{x_{max} - x_i}{x_{max} - x_{min}} \times 10 \qquad (4-3)$$

其中 x_i 为第 i 个指标的实际值；x_{min}、x_{max} 分别为第 i 个指标中的最小值和最大值。其次，本节通过专家评分法确定每一个指标的权数。最后，再采用加权平均数的方法来产生最后的综合评价指数（见附表4.11）。从以下江苏省工业地区经济绩效综合指数的总体情况来看，高于平均值4.52的地区共有八个，占所列出13个地区总数的61.5%。其中，有四个是苏北地区。江苏省工业绩效指数（见附表4.12）前3名分别是烟草制品业，石油加工、炼焦和核燃料加工业，电力、热力生产和供应业，它们都是垄断行业。而高新技术产业的综合效率表现一般，还需要政策支持。汽车制造业作为政策扶持行业，在该普查年度的综合绩效表现良好,在 40 个行业中排名并列第 8。

4.5 其他盈利指标：产值利税率、资金利税率、销售利润率

产值利税率指报告期已实现的利润、税金总额（包括利润总额、产品销售税金及附加和应交增值税）占同期全部工业总产值的百分比,主要考核利税在产值中的比重。产值利税率越高,说明企业利润率越高,赚取的利润越大。其计算公式为：产值利税率（%）=（利税总额/工业总产值）×100%。

资金利税率指在一定时期内已实现的利润、税金总额与同期的资产（固定资产净值和流动资产）平均总额之比。该项指标体现了企业的全面经济效益和对国家财政所做的贡献。该指标能达到 15% 以上就很好。其计算公式为：资金利税率（%）=报告期累计实现利税总额/（固定资产净值平均余额+流动资产平均余额）×100%。资金利税率反映每单位（通常是每万元）资金所提供的利润税金额。它是考察和评价部门或企业资金运用的经济效益,分析资金投入效果的主要分析指标。

销售利润率常被用来评估企业营运效益的比率,是企业利润总额与净销售收入的比率。销售利润率是衡量企业销售收入的收益水平的指标,用以反映企业销售收入与利润之间的关系。其计算公式为：销售收入利润率=利润总额/销售收入×100%。这三个指标都能反映出该地区/该部门的盈利情况,结果见附表 4.13,徐州市的产值利税率、资金利税率、销售利润率均位列 13 市第一,说明其有较高的盈利性,其他城市的排名波动较大,总体而言,苏北、苏中地区的各项指标要优于苏南地区。

江苏省烟草制造业的产值利税率、资金利税率、销售收入利润均占第 1 位（见附表 4.14）,远高于其他行业。而其他行业的排序有很大的差异,其中相对稳定且排名较高的是酒、饮料和精制茶制造业,医药制造业,汽车制造业,这三个行业中,医药行业和汽车制造业是江苏省重点发展行业,也取得了较高的利税额,值得继续投资和进行政策偏倚。

4.6 图表附录

附表 4.1 江苏省 13 市工业总产值和人均工业产值情况及排序

按工业总产值排序	市	工业总产值（亿元）	从业人员平均人数（万人）	人均工业产值（万元）	按人均工业产值排序
1	苏州	30276.29	319.60	94.73	12
2	无锡	14876.33	134.98	110.21	10
3	南京	12563.09	79.71	157.62	3
4	南通	11253.96	98.28	114.51	7
5	徐州	10605.15	78.76	134.64	4
6	常州	10035.82	85.48	117.40	6
7	扬州	8324.21	78.08	106.61	11
8	泰州	8142.08	51.14	159.22	2
9	镇江	7198.55	55.63	129.39	5
10	盐城	6370.51	56.07	113.62	8
11	淮安	4638.11	41.54	111.65	9
12	连云港	4101.08	25.17	162.94	1
13	宿迁	2988.16	40.35	74.06	13

附表 4.2 江苏省各行业的工业总产值、人均总产值及排序

行业	工业总产值（亿元）	人均总产值（万元/人）	按人均总产值排序	按总产值排序
计算机、通信和其他电子设备制造业	17092.44	92.92	23	1
化学原料和化学制品制造业	14755.33	207.57	8	2
电气机械和器材制造业	14356.57	136.5	14	3
黑色金属冶炼和压延加工业	10483.16	245.69	7	4
通用设备制造业	7381.54	94.47	22	5
纺织业	6444.93	71.95	29	6
汽车制造业	5662.98	146.47	12	7
金属制品业	5425.63	102.79	20	8
专用设备制造业	5069.79	89.95	25	9
电力、热力生产和供应业	4457.71	427.58	3	10
非金属矿物制品业	4176.63	105.31	19	11
农副食品加工业	3808.39	181.84	9	12
纺织服装、服饰业	3780.82	49.77	37	13
有色金属冶炼和压延加工业	3685.26	252.64	5	14

45

续表

行业	工业总产值（亿元）	人均总产值（万元/人）	按人均总产值排序	按总产值排序
铁路、船舶、航空航天和其他运输设备制造业	3564.94	91.93	24	15
仪器仪表制造业	3032.35	120.81	15	16
医药制造业	2742.9	144.78	13	17
化学纤维制造业	2728.91	149.98	11	18
橡胶和塑料制品业	2489.9	72.06	28	19
石油加工、炼焦和核燃料加工业	2232.9	751.9	2	20
木材加工和木、竹、藤、棕、草制品业	1962.84	102.03	21	21
文教、工美、体育和娱乐用品制造业	1614.84	61.3	34	22
造纸和纸制品业	1315.79	117.16	17	23
酒、饮料和精制茶制造业	934.4	106.77	18	24
皮革、毛皮、羽毛及其制品和制鞋业	821.27	51.89	36	25
食品制造业	723.31	81.51	26	26
印刷和记录媒介复制业	675.7	63.18	32	27

续表

行业	工业总产值（亿元）	人均总产值（万元/人）	按人均总产值排序	按总产值排序
烟草制品业	480.28	769.44	1	28
燃气生产和供应业	373.82	247.68	6	29
废弃资源综合利用业	349.98	253.76	4	30
煤炭开采和洗选业	291.03	31.89	40	31
其他制造业	289.08	71.32	30	32
家具制造业	282.47	53.74	35	33
非金属矿采选业	246.57	80.06	27	34
水的生产和供应业	135.2	46.48	38	35
石油和天然气开采业	88.97	42.01	39	36
黑色金属矿采选业	80.79	120.01	16	37
金属制品、机械和设备修理业	26.39	64.11	31	38
有色金属矿采选业	10.39	61.93	33	39
开采辅助活动	4.72	171.65	10	40

附表 4.3 江苏省 13 市高技术产业生产总值及占总产值的比重

行业 市	医药制造业 （亿元）	铁路、船舶、航空航天和其他运输设备制造业 （亿元）	计算机、通信和其他电子设备制造业 （亿元）	仪器仪表制造业 （亿元）	高技术合计 （亿元）	以高技术总值排序	高技术占总产值的比重（%）	以高技术占总产值的比重排序
苏州	248.95	239.61	9866.00	343.58	10698.14	1	35.34	1
南京	214.24	4.10	2138.88	287.24	2644.46	2	21.05	3
无锡	192.25	347.38	1612.88	102.97	2255.48	3	15.16	6
泰州	577.63	843.98	302.18	169.44	1893.22	4	23.25	2
南通	249.18	424.39	566.78	435.32	1675.68	5	14.89	7
扬州	96.95	431.96	430.99	472.48	1432.37	6	17.21	4
徐州	418.79	82.02	289.79	514.14	1304.75	7	12.30	10
常州	127.59	307.58	553.25	169.48	1157.90	8	11.54	11
镇江	36.67	316.18	340.24	316.60	1009.68	9	14.03	9
淮安	48.01	17.77	655.68	41.20	762.66	10	16.44	5
连云港	333.79	157.75	111.18	5.41	608.14	11	14.83	8
盐城	173.31	22.43	69.00	141.47	406.21	12	6.38	13
宿迁	25.53	12.61	140.74	12.83	191.71	13	6.42	12

4 江苏省工业投入产出绩效评价指标分析

附表 4.4 江苏省 13 市工业绩效指数

排序	市	高技术指数	人均指数	工业绩效指数	高技术和人均指数的差值
1	泰州	0.5828	0.9582	0.7705	0.3754
2	南京	0.5067	0.9401	0.7234	0.4334
3	连云港	0.2919	1.0000	0.6459	0.7081
4	苏州	1.0000	0.2326	0.6163	0.7674
5	镇江	0.2642	0.6226	0.4434	0.3584
6	徐州	0.2047	0.6816	0.4431	0.4769
7	淮安	0.3476	0.4229	0.3853	0.0753
8	南通	0.2940	0.4551	0.3745	0.1611
9	扬州	0.3740	0.3662	0.3701	0.0078
10	无锡	0.3034	0.4067	0.3550	0.1033
11	常州	0.1782	0.4876	0.3329	0.3094
12	盐城	0.0000	0.4450	0.2225	0.4450
13	宿迁	0.0014	0.0000	0.0007	0.0014

附表 4.5　江苏省 13 市产值增长率、利税增长率及工业绩效变动率（以 2000 年为基期）

单位：%

年份	南京			无锡			徐州			常州		
	产值增长率	利税增长率	工业绩效变动率	产值增长率	利税增长率	工业绩效变动率	产值增长率	利税增长率	工业绩效变动率	产值增长率	利税增长率	工业绩效变动率
2002	100	100	100	100	100	100	100	100	100	100	100	100
2003	127	132	129	134	133	134	121	134	126	131	133	132
2004	166	192	177	187	164	178	159	199	175	172	156	166
2005	206	199	203	234	193	217	205	250	223	215	188	204
2006	238	222	232	291	260	279	272	338	298	282	266	276
2007	293	337	311	366	351	360	357	467	401	365	351	359
2008	328	203	278	421	381	405	474	358	428	443	257	368
2009	345	403	368	443	499	466	599	995	758	513	522	517
2010	436	589	497	530	621	567	852	1370	1059	634	721	669
2011	525	649	575	596	768	664	1158	1868	1442	709	829	757
2012	580	748	647	591	636	609	1479	2194	1765	769	849	801
2013	641	775	695	609	567	592	1753	2548	2071	863	982	910

续表

年份	苏州			南通			连云港			淮安		
	产值增长率	利税增长率	工业绩效变动率	产值增长率	利税增长率	工业绩效变动率	产值增长率	利税增长率	工业绩效变动率	产值增长率	利税增长率	工业绩效变动率
2002	100	100	100	100	100	100	100	100	100	100	100	100
2003	144	131	139	128	134	130	73	97	83	116	119	118
2004	211	170	195	183	175	179	100	116	106	148	151	149
2005	286	228	263	244	241	243	119	154	133	187	184	186
2006	362	308	340	336	357	344	161	194	174	261	223	246
2007	459	412	440	459	558	499	241	343	282	344	296	325
2008	538	341	459	588	449	533	338	364	348	413	143	305
2009	585	581	584	695	926	787	456	764	579	534	439	496
2010	711	758	730	841	1222	993	671	1134	856	803	619	729
2011	801	773	790	989	1505	1196	912	1344	1085	968	747	880
2012	829	693	775	1127	1716	1363	1184	1900	1470	1301	944	1158
2013	877	717	813	1294	1909	1540	1432	2161	1724	1581	1030	1361

续表

年份	盐城			扬州			镇江			泰州			宿迁		
	产值增长率	利税增长率	工业绩效变动率	产值增长率	利税增长率	工业绩效变动率	产值增长率	利税增长率	工业绩效变动率	产值增长率	利税增长率	工业绩效变动率	产值增长率	利税增长率	工业绩效变动率
2002	100	100	100	100	100	100	100	100	100	100	100	100	100	100	100
2003	118	143	128	124	127	125	118	134	124	127	142	133	115	128	121
2004	138	158	146	168	163	166	148	160	153	172	182	176	122	156	136
2005	171	199	182	215	200	209	183	204	192	210	227	217	161	230	189
2006	214	257	231	281	303	290	224	272	243	287	294	290	238	348	282
2007	287	351	313	385	446	409	295	369	325	391	421	403	355	552	433
2008	391	223	324	522	278	424	383	253	331	509	320	433	479	383	441
2009	481	789	604	662	797	716	446	551	488	650	905	752	653	1537	1007
2010	613	1029	779	854	1367	1059	577	766	653	848	1192	986	937	2027	1373
2011	678	1295	925	1005	1648	1262	717	978	821	1003	1500	1201	1254	3377	2103
2012	864	1758	1222	1068	1694	1319	840	1185	978	1229	1899	1497	1852	4464	2897
2013	1004	1791	1319	1261	1863	1502	991	1406	1157	1466	2155	1742	2344	5667	3673

附表 4.6　江苏省各行业产值增长率（以 2002 年为基期 100）

行业 \ 年份	2002	2003	2004	2005	2006	2007	2008	2009	2010	2011	2012	2013
煤炭采选业	100	115	162	220	246	283	393	387	456	502	511	477
石油和天然气开采业	100	119	151	203	282	292	357	199	278	377	380	369
黑色金属矿采选业	100	125	224	267	326	509	691	629	608	779	906	850
有色金属矿采选业	100	112	167	120	360	341	251	288	304	406	483	432
非金属矿采选业	100	96	98	125	163	200	317	277	352	394	464	553
食品加工业	100	107	132	153	184	251	333	401	488	556	718	822
食品制造业	100	123	140	156	176	200	244	268	333	395	515	563
饮料制造业	100	105	121	144	173	212	251	303	373	467	531	573
烟草加工业	100	119	165	168	211	239	271	292	342	398	435	474
纺织业	100	119	148	197	238	280	317	319	387	373	390	422
服装及纤维制品制造业	100	109	127	186	251	303	382	408	464	545	601	684
皮革、毛皮、羽毛及制品业	100	148	172	145	173	229	217	236	277	352	429	498
木材加工及竹、藤、棕、草制品业	100	114	130	227	316	435	586	661	861	1030	1256	1531
家具制造业	100	121	160	226	283	325	379	374	469	476	528	603
造纸及纸制品业	100	113	135	177	214	283	360	358	418	449	471	504
印刷和记录媒介的复制业	100	125	153	179	207	261	355	383	467	550	816	899
文教及体育用品制造业	100	113	137	175	211	248	305	335	401	598	885	1019
石油加工及炼焦业	100	144	191	266	331	387	454	444	643	810	876	1010

续表

行业\年份	2002	2003	2004	2005	2006	2007	2008	2009	2010	2011	2012	2013
化学原料及制品制造业	100	122	163	231	290	381	484	521	674	871	968	1103
医药制造业	100	129	155	195	220	269	366	464	595	768	962	1161
化学纤维制造业	100	133	184	237	300	389	378	389	506	667	734	826
橡胶和塑料制品业	100	122	153	195	247	303	378	384	470	453	478	514
非金属矿物制品业	100	104	138	169	206	267	365	406	530	637	725	848
黑色金属冶炼及压延加工业	100	165	282	405	508	687	857	839	951	1219	1271	1404
有色金属冶炼及压延加工业	100	136	204	301	508	691	790	830	1048	1073	1220	1329
金属制品业	100	141	192	213	283	371	505	527	658	772	883	1006
普通机械制造业	100	124	165	204	262	349	480	501	651	601	691	758
专用设备制造业	100	118	148	190	248	315	464	535	734	855	983	1112
交通运输设备制造业	100	130	152	187	235	328	483	650	861	1014	1108	1266
电气机械及器材制造业	100	120	170	225	318	433	621	704	943	1266	1370	1575
计算机、通信和其他电子设备制造业	100	183	289	372	450	578	700	737	911	1037	1140	1221
仪器仪表及文化办公用机械制造业	100	144	214	316	444	563	790	894	1189	1492	1790	2167
其他制造业	100	80	86	95	113	162	163	215	267	152	159	182
废弃资源和废旧材料回收加工业	100	100	127	346	361	476	1330	1505	2269	2853	3347	3563
电力、蒸汽、热水生产和供应业	100	117	222	344	406	475	555	612	714	802	915	976
煤气生产和供应业	100	127	135	223	342	437	687	830	940	1171	1484	1802
自来水的生产和供应业	100	117	141	183	211	252	327	330	400	439	521	605

附表 4.7 江苏省各行业利税总额增长率（以 2002 年为基期 100）

行业 \ 年份	2002	2003	2004	2005	2006	2007	2008	2009	2010	2011	2012	2013
煤炭采选业	100	115	211	267	292	334	633	667	755	850	768	525
石油和天然气开采业	100	128	216	473	693	666	947	208	404	663	607	550
黑色金属矿采选业	100	120	372	412	436	645	1150	570	799	906	804	808
有色金属矿采选业	100	117	145	151	607	531	622	517	1039	1796	1378	674
非金属矿采选业	100	107	141	204	270	328	738	552	543	645	676	738
食品加工业	100	122	116	153	250	442	1110	937	1355	1641	2175	2581
食品制造业	100	150	168	199	235	298	432	496	552	692	928	1115
饮料制造业	100	117	147	188	236	301	420	550	638	1149	1335	1332
烟草加工业	100	122	178	211	244	303	341	373	443	521	584	637
纺织业	100	110	121	173	214	266	408	363	504	517	553	585
服装及纤维制品制造业	100	102	118	176	249	299	459	436	558	735	853	933
皮革、毛皮、羽毛及制品业	100	166	211	173	191	261	321	322	386	509	662	732
木材加工及竹、藤、棕、草制品业	100	108	139	204	312	461	971	1119	1464	1890	2364	2679
家具制造业	100	138	163	202	254	280	434	564	706	686	790	850
造纸及纸制品业	100	120	129	166	218	315	388	420	477	486	479	490
印刷和记录媒介的复制业	100	130	153	192	226	271	381	381	491	555	737	799
文教及体育用品制造业	100	92	116	148	184	226	413	427	567	854	1377	1593
石油加工及炼焦业	100	128	149	114	99	397	101	815	1140	1137	1197	1187

续表

年份 行业	2002	2003	2004	2005	2006	2007	2008	2009	2010	2011	2012	2013
化学原料及制品制造业	100	130	204	234	312	451	553	643	938	1264	1180	1270
医药制造业	100	126	147	159	172	233	385	407	513	638	864	984
化学纤维制造业	100	165	177	139	246	388	518	488	956	1034	845	874
橡胶和塑料制品业	100	118	132	167	192	260	407	423	524	496	528	582
非金属矿物制品业	100	156	204	205	254	346	560	535	829	1041	1071	1253
黑色金属冶炼及压延加工业	100	181	311	372	515	816	1121	684	911	1253	931	1068
有色金属冶炼及压延加工业	100	122	183	294	517	597	1121	984	1278	1352	1647	1536
金属制品业	100	142	188	209	297	357	650	593	835	1003	1137	1289
普通机械制造业	100	134	167	206	276	398	653	639	872	812	888	985
专用设备制造业	100	129	146	195	277	417	631	666	1029	1192	1314	1436
交通运输设备制造业	100	138	151	155	239	402	814	1065	1609	1984	2023	2180
电气机械及器材制造业	100	116	161	201	268	393	757	803	1092	1453	1625	1748
计算机、通信和其他电子设备制造业	100	182	296	387	492	665	1107	1047	1429	1433	1675	1452
仪器仪表及文化办公用机械制造业	100	127	173	273	361	525	858	1059	1545	2210	2492	3017
其他制造业	100	81	84	101	115	168	205	267	346	204	244	265
废弃资源和废旧材料回收加工业	100	100	151	145	288	509	1967	1504	3502	3421	3373	3233
电力、蒸汽、热水生产和供应业	100	118	123	176	253	290	177	325	346	343	510	711
煤气生产和供应业	100	149	144	325	1908	3830	6322	7076	8676	10568	13849	16686
自来水的生产和供应业	100	38	91	155	149	234	340	322	477	688	745	1014

附表 4.8　江苏省各行业工业绩效变动率（以 2002 年为基期 100）

行业 \ 年份	2002	2003	2004	2005	2006	2007	2008	2009	2010	2011	2012	2013
煤炭采选业	100	115	181	239	265	303	489	499	576	641	614	496
石油和天然气开采业	100	122	177	311	446	442	593	202	329	492	471	442
黑色金属矿采选业	100	123	283	325	370	563	875	605	685	830	865	833
有色金属矿采选业	100	114	158	133	459	417	399	380	598	962	841	529
非金属矿采选业	100	100	115	157	206	251	485	387	429	495	549	627
食品加工业	100	113	126	153	211	327	644	615	835	990	1301	1525
食品制造业	100	134	152	173	199	239	320	359	421	514	680	784
饮料制造业	100	110	132	161	199	248	318	402	479	740	853	877
烟草加工业	100	121	170	185	224	265	299	325	383	447	495	539
纺织业	100	115	137	187	228	275	353	336	434	431	455	488
服装及纤维制品制造业	100	106	124	182	250	301	413	419	502	621	702	783
皮革、毛皮、羽毛及制品业	100	155	187	156	180	242	258	270	320	415	522	592
木材加工及竹、藤、棕、草制品业	100	112	134	217	314	445	740	844	1102	1374	1699	1990
家具制造业	100	128	161	216	272	307	401	450	564	560	633	702
造纸及纸制品业	100	116	133	173	216	296	371	383	442	464	474	498
印刷和记录媒介的复制业	100	127	153	184	215	265	366	382	476	552	785	859
文教及体育用品制造业	100	105	129	164	200	239	348	372	468	701	1082	1249
石油加工及炼焦业	100	138	174	205	239	391	313	592	841	941	1005	1081

续表

行业\年份	2002	2003	2004	2005	2006	2007	2008	2009	2010	2011	2012	2013
化学原料及制品制造业	100	125	180	233	299	409	512	570	780	1028	1053	1170
医药制造业	100	128	152	181	201	255	374	441	562	716	923	1090
化学纤维制造业	100	146	181	198	279	389	434	429	686	814	778	845
橡胶和塑料制品业	100	121	144	184	225	286	389	400	492	470	498	542
非金属矿物制品业	100	125	165	183	225	299	443	458	649	799	863	1010
黑色金属冶炼及压延加工业	100	171	294	392	511	738	963	777	935	1233	1135	1270
有色金属冶炼及压延加工业	100	130	195	298	512	654	923	892	1140	1184	1391	1412
金属制品业	100	142	191	212	289	366	563	553	729	865	984	1120
普通机械制造业	100	128	166	205	267	369	549	556	739	685	770	849
专用设备制造业	100	122	147	192	260	356	531	587	852	990	1116	1242
交通运输设备制造业	100	133	152	175	237	357	615	816	1160	1402	1474	1631
电气机械及器材制造业	100	119	167	216	298	417	675	743	1003	1341	1472	1644
计算机、通信和其他电子设备制造业	100	182	292	378	467	613	863	861	1118	1195	1354	1313
仪器仪表及文化办公用机械制造业	100	137	197	299	411	548	817	960	1331	1779	2071	2507
其他制造业	100	81	85	97	114	164	180	235	299	173	193	216
废弃资源和废旧材料回收加工业	100	100	136	266	332	489	1585	1504	2762	3080	3357	3431
电力、热力生产和供应业	100	117	183	277	345	401	404	497	567	618	753	870
煤气生产和供应业	100	136	138	263	969	1794	2941	3328	4034	4930	6430	7756
自来水的生产和供应业	100	85	121	172	186	245	332	327	431	539	611	768

附表4.9 江苏省各行业的总资产贡献率、流动资产周转率、产品销售率、全员劳动生产率及排序

行业	总资产贡献率(%)	按总资产贡献率排序	流动资产周转次数(次)	按流动资产周转率排序	产品销售率(%)	按产品销售率排序	全员劳动生产率(元/人)	按全员劳动生产率排序
烟草制品业	86.5	1	1.39	39	99.99	4	587.8	1
石油加工、炼焦和核燃料加工业	56.6	2	5.75	1	99.13	15	341.4	2
木材加工和木、竹、藤、棕、草制品业	38.3	3	5.39	2	99.09	16	25.00	17
皮革、毛皮、羽毛及其制品和制鞋业	26.2	4	4.02	6	97.88	37	11.59	37
农副食品加工业	26	5	4.49	5	99.46	10	31.43	12
其他制造业	26	6	4.71	4	98.95	20	17.34	27
酒、饮料和精制茶制造业	25.5	7	2.07	31	100.4	1	30.12	14
医药制造业	25.5	8	2.66	19	97.44	40	45.76	5
文教、工美、体育和娱乐用品制造业	25.3	9	3.91	7	98.09	35	12.95	35
汽车制造业	24.2	10	2.61	20	99.97	5	34.73	9
金属制品、机械和设备修理业	22.2	11	3.40	9	97.53	39	15.20	31
开采辅助活动	20.4	12	2.69	18	100.0	3	50.10	4
纺织服装、服饰业	19.9	13	3.07	13	98.98	19	10.43	38
仪器仪表制造业	17.8	14	2.37	25	97.99	36	26.36	16
黑色金属矿采选业	17.4	15	2.98	15	100.2	2	35.95	7
金属制品业	17.4	16	2.59	21	98.34	33	20.38	21
食品制造业	16.5	17	2.37	26	97.81	38	16.83	29
化学原料和化学制品制造业	16.2	18	3.15	11	99.85	7	37.04	6

续表

行业	总资产贡献率 (%)	按总资产贡献率排序	流动资产周转次数 (次)	按流动资产周转率排序	产品销售率 (%)	按产品销售率排序	全员劳动生产率 (元/人)	按全员劳动生产率排序
电气机械和器材制造业	15.8	19	2.25	28	98.71	28	26.97	15
非金属矿采选业	15	20	3.14	12	98.84	25	20.03	23
非金属矿物制品业	15	21	2.17	29	98.64	30	24.93	18
纺织业	14.9	22	2.77	17	98.32	34	12.98	34
橡胶和塑料制品业	14.5	23	2.49	24	98.41	32	13.07	33
有色金属冶炼和压延加工业	14.5	24	3.28	10	99.18	13	32.22	11
燃气生产和供应业	14.3	25	1.93	33	99.32	12	30.72	13
石油和天然气开采业	14.2	26	2.79	16	99.97	6	20.41	20
印刷和记录媒介复制业	14.2	27	2.13	30	98.88	22	12.34	36
专用设备制造业	14	28	1.80	36	99.34	11	18.09	26
通用设备制造业	13.8	29	1.97	32	98.66	29	18.72	25
有色金属矿采选业	12.2	30	1.85	34	99.02	18	16.55	30
电力、热力生产和供应业	12.2	31	4.82	3	99.76	9	110.8	3
铁路、船舶、航空航天和其他运输设备制造业	12	32	1.75	37	99.17	14	19.46	24
家具制造业	11.8	33	2.56	22	98.94	21	8.72	39
计算机、通信和其他电子设备制造业	11.7	34	2.99	14	99.06	17	7.22	40
黑色金属冶炼和压延加工业	11.5	35	3.42	8	98.79	27	34.74	8

4 江苏省工业投入产出绩效评价指标分析

续表

行业	总资产贡献率(%)	按总资产贡献率排序	流动资产周转次数(次)	按流动资产周转次数排序	产品销售率(%)	按产品销售率排序	全员劳动生产率(元/人)	按全员劳动生产率排序
化学纤维制造业	9.4	36	2.54	23	98.60	31	23.14	19
煤炭开采和洗选业	7.7	37	2.30	27	98.88	23	17.20	29
造纸和纸制品业	7.7	38	1.73	38	98.88	24	20.34	22
废弃资源综合利用业	7.7	39	1.84	35	99.83	8	33.55	10
水的生产和供应业	3	40	0.41	40	98.81	26	13.10	32

附表4.10 江苏省各地区的总资产贡献率、流动资产周转率、产品销售率、全员劳动生产率及排序

地区	总资产贡献率(%)	按总资产贡献率排序	流动资产周转次数(次)	按流动资产周转次数排序	产品销售率(%)	按产品销售率排序	全员劳动生产率(元/人)	按全员劳动生产率排序
徐州	30.77	1	4.76	2	98.96	7	37.10	2
泰州	27.66	2	3.67	6	98.24	12	43.47	1
扬州	25.20	3	3.95	5	98.16	13	25.50	6
盐城	24.43	4	4.19	3	99.60	2	32.45	5
连云港	23.93	5	4.09	4	98.49	10	36.54	3
宿迁	23.66	6	2.90	8	98.92	8	15.98	10
淮安	22.66	7	5.07	1	101.16	1	14.77	12
南通	20.85	8	3.16	7	99.05	5	24.85	7

续表

地区	总资产贡献率(%)	按总资产贡献率排序	流动资产周转次数(次)	按流动资产周转次数排序	产品销售率(%)	按产品销售率排序	全员劳动生产率(元/人)	按全员劳动生产率排序
南京	20.29	9	2.53	10	98.92	9	35.60	4
镇江	15.05	10	2.87	9	99.16	4	23.66	8
常州	13.30	11	2.28	11	99.01	6	20.00	9
无锡	10.55	12	1.78	13	98.30	11	15.74	11
苏州	8.90	13	2.03	12	99.24	3	8.55	13

附表 4.11 江苏省 13 市工业绩效指数及排序

排序	地区	综合绩效指数	排序	地区	综合绩效指数	排序	地区	综合绩效指数
1	徐州	7.71	6	南京	5.4	11	常州	2.63
2	泰州	7.2	7	扬州	4.84	12	无锡	1.14
3	盐城	6.56	8	南通	4.52	13	苏州	0.8
4	连云港	6.19	9	宿迁	3.72			
5	淮安	5.6	10	镇江	3.58			

附表 4.12　江苏省各行业的工业绩效指数及排序

排序	行业	综合绩效指数	排序	行业	综合绩效指数
1	烟草制品业	8.9	21	计算机、通信和其他电子设备制造业	1.89
2	石油加工、炼焦和核燃料加工业	6.37	22	皮革、毛皮、羽毛及其制品和制鞋业	1.84
3	电力、热力生产和供应业	3.44	23	铁路、船舶、航空航天和其他运输设备制造业	1.83
4	木材加工和木、竹、藤、棕、草制品业	3.43	24	电气机械和器材制造业	1.8
5	酒、饮料和精制茶制造业	3.28	25	家具制造业	1.74
6	农副食品加工业	3.12	26	印刷和记录媒介复制业	1.73
7	黑色金属矿采选业	3.09	27	有色金属矿采选业	1.73
8	开采辅助活动	3.07	28	非金属矿物制品业	1.69
9	汽车制造业	3.07	29	金属制品业	1.62
10	化学原料和化学制品制造业	2.82	30	通用设备制造业	1.58
11	其他制造业	2.72	31	煤炭开采和洗选业	1.56
12	石油和天然气开采业	2.64	32	化学纤维制造业	1.52
13	有色金属冶炼和压延加工业	2.29	33	纺织业	1.5
14	废弃资源综合利用业	2.23	34	橡胶和塑料制品业	1.5
15	纺织服装、服饰业	2.16	35	医药制造业	1.47
16	燃气生产和供应业	2.12	36	造纸和纸制品业	1.44
17	专用设备制造业	2.01	37	仪器仪表制造业	1.36
18	非金属矿采选业	1.97	38	金属制品、机械和设备修理业	1.17
19	黑色金属冶炼和压延加工业	1.97	39	食品制造业	0.96
20	文教、工美、体育和娱乐用品制造业	1.93	40	水的生产和供应业	

63

附表4.13 江苏省13市产值利税率、资金利税率、销售利润率及排序

市	产值利税率（%）	按产值利税率排序	资金利税率（%）	按资金利税率排序	销售收入利润率（%）	按销售收入利润率排序
宿迁	15.63	1	25.03	6	11.03	1
徐州	14.84	2	33.43	1	7.73	2
南京	14.37	3	23.09	9	7.71	4
盐城	12.70	4	25.74	5	6.66	8
连云港	12.51	5	26.18	4	7.72	3
泰州	12.47	6	30.10	2	7.17	6
扬州	12.02	7	27.12	3	6.98	7
南通	11.89	8	23.24	8	7.65	5
镇江	9.67	9	16.14	10	6.14	9
淮安	9.27	10	23.24	7	4.85	12
常州	8.79	11	13.11	11	4.94	11
无锡	8.65	12	10.27	12	5.32	10
苏州	6.42	13	8.53	13	4.35	13

4 江苏省工业投入产出绩效评价指标分析

附表4.14 江苏省各行业产值利税率、资金利税率、销售利润率及排序

行业	产值利税率（%）	按产值利税率排序	资金利税率（%）	按资金利税率排序	销售收入利润率（%）	按销售收入利润率排序
烟草制品业	88.60	1	99.46	1	17.47	1
石油和天然气开采业	39.02	2	16.48	21	7.27	14
酒、饮料和精制茶制造业	24.01	3	29.93	4	16.15	2
石油加工、炼焦和核燃料加工业	18.10	4	63.86	2	3.63	36
开采辅助活动	17.26	5	19.46	15	11.49	4
燃气生产和供应业	16.96	6	16.12	22	13.90	3
医药制造业	16.20	7	28.82	5	10.12	5
水的生产和供应业	15.80	8	2.58	40	8.37	10
煤炭开采和洗选业	15.30	9	8.96	37	2.41	39
有色金属矿采选业	15.17	10	14.71	30	8.68	7
汽车制造业	14.63	11	26.64	10	8.72	6
电力、热力生产和供应业	13.88	12	12.82	32	8.63	8
木材加工和木、竹、藤、棕、草制品业	12.80	13	40.90	3	7.85	12

续表

行业	产值利税率（%）	按产值利税率排序	资金利税率（%）	按资金利税率排序	销售收入利润率（%）	按销售收入利润率排序
仪器仪表制造业	12.76	14	20.97	13	8.43	9
非金属矿采选业	12.53	15	17.23	19	6.49	22
食品制造业	12.52	16	18.34	16	8.03	11
金属制品、机械和设备修理业	12.32	17	22.48	12	6.73	19
印刷和记录媒介复制业	11.53	18	14.82	28	7.47	13
专用设备制造业	11.46	19	14.71	29	7.17	16
通用设备制造业	11.33	20	15.10	25	6.79	17
铁路、船舶、航空航天和其他运输设备制造业	11.31	21	13.92	31	7.21	15
非金属矿物制品业	11.19	22	15.34	23	6.46	23
纺织服装、服饰业	11.15	23	22.48	11	6.65	21
文教、工美、体育和娱乐用品制造业	11.00	24	27.58	9	6.71	20
其他制造业	10.44	25	27.92	8	5.87	28
农副食品加工业	10.34	26	28.27	6	6.78	18

续表

行业	产值利税率（%）	按产值利税率排序	资金利税率（%）	按资金利税率排序	销售收入利润率（%）	按销售收入利润率排序
金属制品业	10.29	27	18.20	17	6.20	25
电气机械和器材制造业	10.19	28	16.87	20	6.27	24
黑色金属矿采选业	10.05	29	20.77	14	4.36	33
橡胶和塑料制品业	10.00	30	15.14	24	6.17	26
化学原料和化学制品制造业	9.91	31	17.41	18	5.96	27
皮革、毛皮、羽毛及其制品和制鞋业	9.67	32	28.16	7	5.32	30
造纸和纸制品业	8.99	33	8.54	38	5.47	29
纺织业	8.72	34	14.94	26	4.98	31
家具制造业	7.65	35	12.75	33	4.01	34
黑色金属冶炼和压延加工业	6.55	36	11.26	35	3.30	37
计算机、通信和其他电子设备制造业	6.53	37	12.52	34	4.88	32
有色金属冶炼和压延加工业	6.24	38	14.87	27	3.67	35
化学纤维制造业	6.23	39	9.08	36	3.18	38

5　江苏省工业投入产出绩效实证分析

工业投入产出绩效的重点在于绩效的计算。我国作为发展中大国，受自身经济发展水平所限，在过去较长时期内，更多地关注以经济为中心的经济增长，所以在计算工业绩效时，主要以总产值为唯一的产出因素。但是立足民生、强调分享是社会稳定、和谐发展的必然选择，是改革新阶段的重要任务和重要内容，也是改革的重要推动力。所以我们需要关注工业产值以外的其他产出要素，例如税收、从业人员工资、社会剩余价值等，这也符合可持续发展的要求，既要强调经济增长，同时不能忽略民生问题。所以本章将从六个角度分析工业投入产出绩效：经济效益、企业效益、部门效益、政府效益、全社会效益和就业效益，下面将先介绍本章使用的评价方法，后介绍各效益的投入产出变量及实证结果。

5.1　评价方法的确定

研究和分析工业投入产出绩效要从多个层面进行多指标的综合评价，DEA方法正是对多输入、多输出决策单元进行相对有效性评价的方法，鉴于 DEA 方法的优点，本书拟采用 DEA 方法对江苏省工业投入产出绩效进行评价。

5.1.1 DEA 法的具体步骤

DEA 法应用的一般步骤为：明确评价目的、选择决策单元、建立评价指标体系、收集整理数据、选择 DEA 模型、进行计算并评价分析。

明确评价目的：应用 DEA 方法的首要步骤就是明确评价目的，要明确哪些决策单元可以在一起评价，评价的投入产出指标体系是怎样的，运用什么样的评价模型等问题。

选择决策单元：DEA 方法要求进行有效性评价的决策单元必须是同类型的，因此，在选择决策单元时，要选择具有相同的目标、相同的投入产出指标、相同的外部环境的决策单元进行评价。

建立评价指标体系：评价指标体系是进行评价的基础，建立 DEA 评价指标体系时要注意根据评价目的建立选择指标，同时要考虑到评价指标对决策单元描述的全面性、准确性、各个决策单元之间的可比性、指标数据的可得性等问题。

收集整理数据：根据确定的评价指标体系收集整理数据，其间要保证数据的正确性，否则得出的结果会失真，致使评价错误。

选择 DEA 模型：DEA 有多种模型，进行评价时要根据评价目的、收集的指标数据等确定选择什么模型，比如根据投入产出指标数据的可控性选择投入型或者产出型模型，根据评价目的选择评价综合效率的 CCR 模型或者评价技术效率的 BCC 模型以及更利于排序的超效率模型。

进行计算并评价分析：运用选择的 DEA 模型，对收集整理的指标数据进行计算，得出计算结果，判断各决策单元的有效性，并找出无效的决策单元无效原因及程度，确定其改进方向，为管理部门提供决策信息。

5.1.2 CCR 模型

设每个决策单元输入向量为 $x = (x_1, x_2, \cdots, x_m)^T$，输出向量为 $y = (y_1, y_2, \cdots, y_s)^T$。设现有 n 个决策单元，每个决策单元的输入、输出分别有 m 种、s 种,则对应的输入、输出向量为:$x_j = (x_{1j}, x_{2j}, \cdots, x_{mj})^T$,$j = 1$,$2, \cdots, n$;$y_j = (y_{1j}, y_{2j}, \cdots, y_{sj})^T$,$j = 1, 2, \cdots, n$,其中,$x_{ij}$,$y_{kj}$ 分别表示第 j 个决策单元对第 i 种类型输入的投入量和对第 k 种类型输出的产出量,且 $x_{ij} \geq 0$,$y_{kj} \geq 0$,$i = 1, 2, \cdots, m$,$k = 1, 2, \cdots, s$。赋予每个输入、输出恰当的权重,即设定输入、输出权向量:则每个决策单元 DMU_j 的效率评价指数可以表示为:

$$h_j = \frac{u^T y_j}{v^T x_j} = \frac{\sum_{k=1}^{s} u_k y_{kj}}{\sum_{i=1}^{m} v_i x_{ij}}, \quad j = 1, 2, \cdots, n \tag{5-1}$$

不断地变换权重系数 v 和 u 的取值,总可以得到适当的 v 和 u 使得 $h_j \leq 1$。一般情况下,h_{j_0} 越大,说明决策单元 j_0 能够用既定的投入得到相对较多的产出,或者对于既定的产出投入相对较少。这样,我们可以不断地变化权重系数,使 h_{j_0} 达到其最大值,确定为决策单元 j_0 的相对有效性系数。因此,我们可以构建 CCR 模型,其中目标是第 j_0 个决策单元的相对效率评价指数,约束是所有决策单元的相对效率评价指数,见式(5-2):

$$\begin{cases} \max h_{j_0} = \dfrac{\sum_{k=1}^{s} u_k y_{kj_0}}{\sum_{i=1}^{m} v_i x_{ij_0}} \\ \text{s.t.} \quad \dfrac{\sum_{k=1}^{s} u_k y_{kj}}{\sum_{i=1}^{m} v_i x_{ij}} \leq 1 \quad j = 1, 2, \cdots, n \\ v = (v_1, v_2, \cdots, v_m)^T \geq 0 \\ u = (u_1, u_2, \cdots, u_s)^T \geq 0 \end{cases} \tag{5-2}$$

其中,$v \geq 0$ 表示对于 $i = 1, 2, \cdots, m$,$v_j \geq 0$,并且至少存在某个 i_0($1 \leq i_0 \leq m$),其权重 $v_{i_0} \geq 0$;$u \geq 0$ 表示对于 $k = 1, 2, \cdots, s$,$u_k \geq 0$,并且至少存在某个 k_0($1 \leq k_0 \leq s$),其权重 $u_{k_0} \geq 0$。以上 CCR 模型可用其对偶线性规划模型来求解,我们把其对偶线性规划模型也称为 CCR 模型,见式(5-3):

$$(C^2R)\begin{cases} \min\theta \\ \text{s.t.} \sum_{j=1}^{n} \lambda_j x_j + s^- = \theta x_0 \\ \sum_{j=1}^{n} \lambda_j y_j - s^+ = y_0 \\ \lambda_j \geq 0, j = 1, 2, \cdots, n \\ s^+ \geq 0, s^- \geq 0 \end{cases} \quad (5\text{-}3)$$

其中，s^+、s^- 为松弛变量。

模型的经济学含义：

首先，当 $\theta=1$ 且 $s^+=s^-=0$ 时，决策单元 j_0 为 DEA 有效，这时决策单元 j_0 既是技术有效也是规模有效。此时，决策单元 j_0 不存在超量投入和亏量产出，输出相对于投入而言已达到最大值，决策单元 j_0 位于生产函数的前沿曲线上，且投入量正处于规模收益不变的最佳状态。

其次，当 $\theta<1$ 时，决策单元 j_0 为非 DEA 有效，此时，不能直接根据 θ 的大小判定决策单元无效是因为技术无效，还是因为规模无效。

5.1.3 BCC 模型

BCC 模型是对 CCR 模型的改进，是在 CCR 模型中加入权重系数之和等于 1 的约束，见式（5-4），主要用于判断决策单元的技术效率，结合 CCR 模型，可以判断决策单元的规模效率 $\delta = \dfrac{\theta}{\sigma}$。

$$(BC^2)\begin{cases} \min\sigma \\ \text{s.t.} \sum_{j=1}^{n} k_j x_j + s^- = \sigma x_0 \\ \sum_{j=1}^{n} k_j y_j - s^+ = y_0 \\ \sum_{j=1}^{n} k_j = 1 \\ k_j \geq 0, j = 1, 2, \cdots, n \\ s^+ \geq 0, s^- \geq 0 \end{cases} \quad (5\text{-}4)$$

(1) 当 σ=1 时,决策单元 j_0 为技术有效,此时,不存在超量投入和亏量产出,输出相对投入而言已达到最大,决策单元 j_0 位于生产函数的前沿曲线上,否则决策单元 j_0 为技术无效。

(2) 当 δ=1 时,决策单元为规模有效,此时,决策单元 j_0 投入量正处于规模收益不变的最佳状态;当 δ<1 且 $\sum_{j=1}^{n} \lambda_j < 1$ 时,决策单元 j_0 为规模无效,且决策单元处于规模收益递增的阶段;当 δ<1 且 $\sum_{j=1}^{n} \lambda_j > 1$ 时,决策单元 j_0 为规模无效,且决策单元处于规模收益递减的阶段。

5.1.4 超效率模型

为弥补 DEA 模型不能对有效的决策单元进行比较的缺陷,Andersen 和 Petersen 提出了 DEA 的超效率模型(Super-Efficiency),用以比较有效决策单元的效率值。超效率 DEA 方法也相应地有两个模型:SE-BCC 模型和 SE-CCR 模型。DEA 模型与超效率 DEA 模型如图 5.1 和图 5.2 所示。

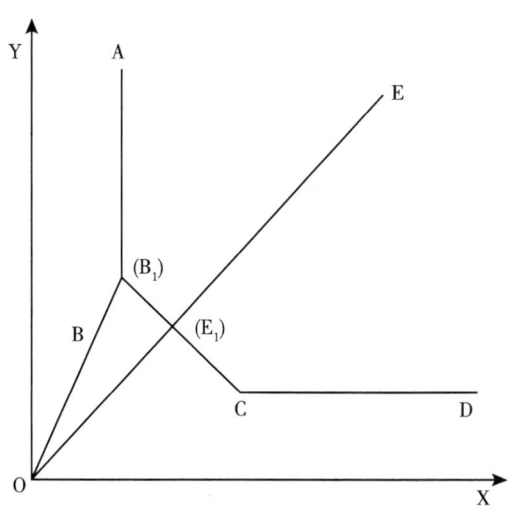

图 5.1　DEA 模型

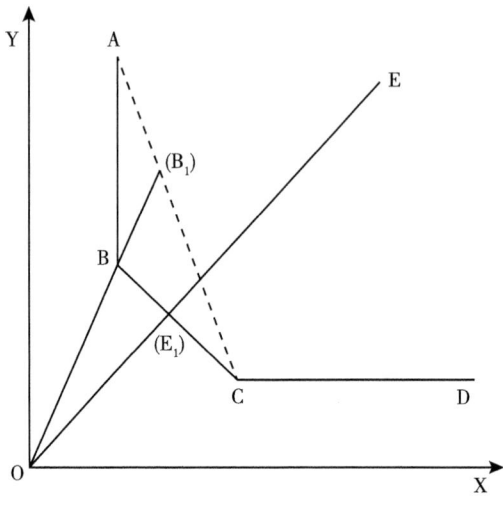

图 5.2 超效率 DEA 模型

图 5.1 中 ABCD 为有效单元且构成生产前沿面，E 为无效单元，它被生产前沿面 ABCD 所包络，且 OB_1、OE_1 分别是 OB、OE 在生产前沿面 ABCD 上的交点，它们的效率值分别为：$TE_B = OB_1/OB = 1$，$TE_E = OE_1/OE < 1$。可见，处于生产前沿面上的 B 点效率值为 1；同理，无效的单元效率值小于 1。图 5.2 中在计算 B 点的效率值时，将其排除在决策单元的参考集合之外，则有效的生产前沿面 ABCD 就变成了 ACD，B 点的效率值变为 $TE_B = OB_1/OB > 1$，例如效率值为 1.1，则表示该决策单元再等比例地增加 10% 的投入，在所有决策单元中仍能保持相对有效。而原来无效的 E 点，其生产前沿面仍为 ABCD，评价值与 CCR 模型相同，仍为 $TE_B = OB_1/OB > 1$。超效率 DEA 模型见式（5-5）：

$$(SE)\begin{cases}\min[\sigma - \varepsilon(\sum s^- + \sum s^+)] = V \\ s.t. \sum_{j=1}^{n}\omega_j x_j + s^- = \theta x_0 \\ \sum_{j=1}^{n}\omega_j y_j - s^+ = y_0 \\ \omega_j \geq 0, j = 1,2,\cdots,n, s^+ \geq 0, s^- \geq 0\end{cases} \quad (5-5)$$

超效率 DEA 模型不仅能够评价决策单元的效率，而且能够对 DEA 有效决策单元进行比较和排序，此外，若决策单元非有效，超效率 DEA 模型还能通过计算和求解，评估其无效程度，并根据评估路径，对投入冗余和产出不足进行调整，使其达到 DEA 有效。超效率 DEA 模型采用单纯形法进行求解，该方法在得到模型最优解的同时，还能获得很多经济含义丰富的信息，从而指导决策单元的优化。其研究思路是：通过对投入指标数据和产出指标数据的分析，得出每个 DMU 的 DEA 有效性，并指出其他 DMU 非 DEA 有效的原因以及优化方向和程度。SE-CCR 模型的假设前提是 DMU 处于固定规模报酬，这时求出的 DMU 效率值为总技术效率，而 SE-BCC 模型的假设前提是 DMU 处于变动规模报酬，这时求出的 DMU 效率值为纯粹技术效率，总技术效率与纯粹技术效率的比值为规模效率。超效率模型考虑了投入要素"松弛"的影响，减少对效率测评的偏误。Kaoru Tone 在 2001 年提出了 SBM（Slacks-based Measure）模型，有效弥补了 CCR、BCC 模型存在的缺陷。2002 年 Tone 在 SBM 模型的基础上提出了 Super-SBM 模型，解决了有效单元之间的排序问题，即允许效率值大于或等于 1，可对有效单元（SBM 模型中效率值等于 1 的决策单元）进行排序。所以本书选择了 Super-SBM 模型进行效率计算并排序。

5.2 评价体系构建

对江苏省工业投入产出绩效评价是一个综合评价问题，本书结合 DEA 方法的特点以及投入产出活动的特性，根据评价指标体系构建原则（全面性原则、代表性原则、科学性原则、适应性原则、可行性原则），从验证经济、企业、部门、社会和就业效益角度分别选择相应的投入、产出评价指标来测算工业投入产出绩效。为了阐述的便利性，给各变量设定对应的字母（见附表 5.1）。且在本书中使用"{ | }"来表示投入产出变量集合，其中在竖线左侧的表示投入变量，而在竖线右侧的表示产出变量，例如 $\{L, K1, K2 | TR\}$，即表示 L、K1、K2 为该绩效计算中的投入变量，而 TR 是该绩效计算中的产出变量。

5.2.1 经济效益

经济效益是一个很宽泛的词语，指经济活动中资源利用、劳动消耗与所获得的符合社会需要的劳动成果之间的对比关系，其本质是反映一种投入产出的对比关系。广义的经济效益可以定义为工业行业或地区在生产过程中，资源利用、劳动消耗与所产生的符合社会需要的劳动成果之间的对比关系。可以说其他的效益计算均是广义经济效益的一种，但是此处为了更详尽地研究各种效益的情况，对比不同投入产出情况，认为经济效益是工业行业或地区在生产过程中，资本利用、劳动消耗与所产生的工业总产值之间的对比关系。多数研究选择工业增加值为主要产出指标，因为工业增加值是指被考察组织在一定时期内（通常是一年）生产过程中新创造的按市场价格计算的最终产品和服务的总量，这是能直接反映出工业创造价值的变量。但是在第三次经济普查中没有对工业增加的度量，所以本书选择工业总产值作为主要产出指标，来计算工业带来的直接效益，也就是本小节研究的经济效益。经济效益的投入指标选择"资本"和"劳动"作为主要投入指标。经济效益的计算是为了直接反映投入指标与工业总产值的关系，直接反映工业产值产出效率的指标。在分析经济效益时，把产品与投入相比较，投入产出率高，则经济效益就好；投入产出率低，则经济效益就差。

工业总产值：即工业企业在报告期内生产的以货币形式表现的工业最终产品和提供工业劳务活动的总价值量，计算工业总产值必须遵循三大原则：①工业生产的原则，即凡是企业在报告期内生产的最终产品和提供的劳务，均应包括在内。其中的最终产品，不管是否在报告期内销售，只要是报告期内生产的，就应包括在内。凡不是工业生产的产品，均不得计入工业总产值。②最终产品的原则，即企业生产的成品价值必须是本企业生产的，经检验合格无须再进行任何加工的最终产品。企业对外销售的半成品也应视为最终产品计入工业总产值。而在本企业内各车间转移的半成品和在制品只能计算其期末期初差额价值。③"工厂法"原则，即以法人工业企业作为一个整体计算工业总产值，是其报告期内生产的最终产品和提供劳务的总价值量。工业总产值包括三部分：生产的成品价值、对外加工费收入、自制半成品在制品期末期初差额价值。

资本：因为数据是一年期的样本，所以无须考虑价格指数，直接使用普查中固定资产合计与流动资产合计计算。固定资产合计指企业为生产商品、提供劳务、出租或经营管理而持有的，使用寿命超过一个会计年度的有形资产。包括使用期限超过一年的房屋、建筑物、机器、机械、运输工具以及其他与生产和经营有关的设备、器具、工具等。固定资产合计是时点指标，表示固定资产经过扣减折旧、减值准备等后的期末余额。执行2006年《企业会计准则》的企业，根据会计"资产负债表"中"固定资产"项目的期末余额数填报。而流动资产合计指的是满足以下条件之一的资产：①预计在一个正常营业周期中变现、出售或耗用，主要包括存货、应收账款等；②主要为交易目的而持有；③预计在资产负债表日起一年内（含一年）变现；④自资产负债日起一年内，交换其他资产或清偿负债的能力不受限制的现金或现金等价物。包括货币资金、应收票据、应收账款、存货等项目。根据会计"资产负债表"中"流动资产合计"项目的期末余额数填报。

就业人数，需要注意两点：一个是实际创造工业产值的劳动力而非仅指企业职工；另一个是统计口径上要与工业总产值统一，即工业总产值使用的全部工业口径，那么就业人数也应如此。对于第一个问题，普查中提供了两套数据，一个是职工人数；一个是从业人员数。这里首先要区分的是两个不同的概念。所谓职工是指在全民所有制、城镇集体所有制、全民与集体合营、全民与私人合营、集体与私人合营、中外合营、华侨或港澳工商业者经营、外资经营企业、事业、机关及其附属机构中工作，并由其支付工资的各种人员。所谓从业人员是指从事一定社会劳动并取得劳动报酬或经营收入的人员，包括全部职工、再就业的离退休人员、私营业主、个体户主、私营和个体从业人员、乡镇企业从业人员、农村从业人员和其他从业人员（包括民办教师、宗教职业者、现役军人等）；而各单位的从业人员是指在企业工作并取得劳动报酬的全部人员，包括在岗职工、再就业的离退休人员、民办教师及在企业工作的外方人员和港澳台人员、兼职人员、借用的外单位人员和第二职业者，但不包括离开本单位但仍保留劳动关系的职工（其实，1998年以后的职工指的是在岗职工）。

因此，从内涵上讲，从业人员才符合对就业数据的要求。

这三项数据均可从普查数据中直接获取，该公式可表达为：$\{L, K1, K2 | TR\}$。使用 dea-solver 中的 super-SBM 模型计算结果见附表 5.2。

从附表 5.2 中可以看出，从以单纯的工业总产值为唯一产出的经济效益角度看，排在第 1 位的是泰州市，属于苏中地区，随后第 2 至第 4 位分别是淮安、连云港、徐州，而第 5、第 6 位是扬州和盐城，也是苏中和苏北地区城市。这说明从该角度看，苏北、苏中地区比苏南地区有更高的生产绩效。虽然从附表 4.2 中可以发现除了徐州在工业总产值排位中占第 5 位外，其他的地区都在 13 市排名的后半段，说明它们的总产值是小于苏南地区，但是对比流动资产和固定资产投入量，苏南地区的投入量却远高于苏中地区和苏北地区，这可能是苏南经济绩效低下的重要原因，即资本的过度投入。还有经济绩效的产出因素也比较片面，仅考虑了总产值因素，没有考虑其他的产出变量。

附表 5.3 是江苏省各行业的经济绩效排名，可以看见绩效大于 1 的仅有三个行业，分别是石油加工、炼焦和核燃料加工业，皮革、毛皮、羽毛及其制品和制鞋业，烟草制品业。其中，除了皮革、毛皮、羽毛及其制品业以外的两个行业都是垄断行业，受地区政策和地区资源限制较大，所以它们并不能成为重点发展的行业。而且它们的高绩效的一部分原因是产成品的政策高定价。其他行业的绩效均在 0.65 以下，总产值排名在前 10 位的行业中，汽车制造业（总产值第 7）的经济绩效最高，为 0.43，排名第 12 位，其次是黑色金属冶炼和压延加工业（总产值第 4），排名第 13 位。而总产值排名前三的行业，计算机、通信和其他电子设备制造业，化学原料和化学制品制造业以及电气机械和器材制造业的经济绩效分列第 17、第 16、第 15 位，大概在 0.42 左右。说明这些行业的经济绩效在全部行业中仅占中等地位，需要进一步提高它们的经济效益。

5.2.2 企业效益

从广义上讲，企业效益是指一定的业务经营效率，企业效益水平的评价可以分为四个主要方面，分别为盈利能力、营运能力、偿债能力和发展能力。企业效益水平的评价一般采用特定的指标体系,运用数理统计和运筹学方法计算出相应结果,按照一定的程序,根据统一的评价标准,通过定量与定性的对比分析,对企业的经济效益和综合效益水平做出合理、客观的评价。随着信息技术的发展以及数据库的完善,越来越多的与企业效益相联系的因素被纳入评价企业效益水平的范畴,这些因素除了传统意义上的相关财务数据之外,还包括一些非财务数据,如管理者的管理水平与才能,对员工的激励和他们的努力等。这部分的分析在第4章中有部分涉及。但是本节的企业效益重点研究的是工业行业或地区的企业利润情况,这不同于经济效益中的工业总产值,而是在产出指标中加入了企业利润。这种企业效益的研究,对于企业的生存和发展具有决定性作用,因为企业利润是企业发展的立足点,企业绩效越高,企业生存和发展的可能性越大。企业利润的研究是当前各界高度关注的一个重要课题,除了学术界的理论工作者,政府部门、银行等金融机构、普通消费者、股民、管理部门、企业经营者、潜在投资者也非常关注。

为了研究江苏省工业投入产出产生的企业效益,在 5.2.1 节选定的投入产出指标的基础上,引入表现企业收益的产出指标——企业利润,本书选择的利润指标是营业利润,即企业从事生产经营活动所取得的利润。执行 2006 年《企业会计准则》的企业,营业利润为营业收入减去营业成本、营业税金及附加、销售费用、管理费用、财务费用、资产减值损失,再加上公允价值变动收益和投资收益。未执行 2006 年《企业会计准则》的企业,营业利润为主营业务收入减去主营业务成本、主营业务税金及附加,加上其他业务利润后,再减去销售费用、管理费用、财务费用后的金额。根据会计"利润表"中"营业利润"项目的本期金额数填报。该公式可表达为:$\{L, K1, K2 | TR, TP\}$,使用 dea-solver 中的 super-SBM 模型计算结果见附表 5.4 和附表 5.5。附表 5.4 反映的结果和附表 5.2 的结果大体情况一致,苏北地区、苏中地区的企业绩效较高,而苏南地区的企业绩效相对较低。但是宿迁市的经济绩效仅列第 11 位,而它的企业绩效却一跃占据第 5 位,这说明宿迁市的工业产值绩效不高,但是它的利润水平比较高。附表 5.5 可以发现,在经济绩效中排名前 3 位的行业,仍有着较高的企业绩效。尤其是烟草制品业的企业绩效有 3.83。对比附表 5.3 可以发现,排名有了一定的变化。在高技术产业中,医药制造业的

经济绩效仅在第 18 位，但是它的企业绩效排名第 9，说明医药制造业是一个利润水平较高的行业，具有较大的发展空间。仪器仪表的企业效益也高于经济效益，说明这一行业的企业利润水平较高，但产值还比较低，需要进一步投资，或者前期投资所产生的产值还没有完全表现出来，是江苏省需要关注的重点。计算机、通信和其他电子设备制造业的企业绩效比经济绩效的排名要低，可能是因为该行业的生产日趋同质化，形成了资本竞争而非技术竞争的模式，该行业大部门是在半成品基础上的深加工，而半成品需要占用大量的流动资金，这样就极大地增加了该行业企业的资本投入，导致该行业的经济绩效和企业绩效都比较低。而有色金属矿采选业、石油和天然气开采业、煤炭开采和洗选业这类采矿业的经济绩效和企业绩效都在 40 个行业中位列尾部，说明这些行业的产值和企业利润都非常低，发展的空间和潜力都比较有限。

5.2.3 部门效益

社会经济发展的表现之一就是居民收入水平的提高。工业的经济活动带动行业发展和各行业产值增加的同时，在该行业或地区工作的员工的收入水平也会随之增长。因此，工业对社会经济发展的贡献之一就是促进了居民收入的增加。本书中定义的部门效益，以部门员工的收入水平为主要评价产出指标，一般情况下，部门效益越高，销售收入越高，员工工资也相应提高。所以本节在上一节提出的产出指标的基础上引入员工工资指标。投入指标使用的是从业人员总数，工资也应选择与之相匹配的从业人员工资总额，它指根据《关于工资总额组成的规定》（1990 年 1 月 1 日国家统计局发布的一号令）进行修订，本单位在报告期内（季度或年度）直接支付给本单位全部从业人员的劳动报酬总额。包括计时工资、计件工资、奖金、津贴和补贴、加班加点工资、特殊情况下支付的工资，是在岗职工工资总额、劳务派遣人员工资总额和其他从业人员工资总额之和。工资总额是税前工资，包括单位从个人工资中直接为其代扣或代缴的房费、水费、电费、住房公积金和社会保险基金个人缴纳部分等。工资总额不论是计入成本的还是不计入成本的，不论是以货币形式支付的还是以实物形式支付的，均应列入工资总额的计算范围。该公式可表示为：

{L，K1，K2|TR，TP，TW}，使用 dea-solver 的 super-SBM 模型计算结果见附表 5.6 和附表 5.7。

引入从业人员工资总额后，发现（见附表 5.6）各地区的部门效益差异比经济效益和企业效益小，最高值和最低值仅相差 0.38，说明总体的部门效益状况比较平稳。虽然结果仍显示苏南地区的部门效益要弱于苏北、苏中地区，但是差距明显缩小，效益估算结果有所改善。这说明，苏南地区的从业人员工资总额这一产出指标要优于苏北、苏中地区，经济效益和企业效益都处在倒数第 1 位的苏州地区的部门效益位居第 9，有了大幅度提升。说明苏州地区的工业给员工带来了较多工资，对改善当地工作人员的生活有很大的帮助，同时说明苏州地区企业的主要成本开销是从业人员工资，这也和当地的主流行业的特色有关。附表 5.7 基本反映了 2013 年江苏省各行业的部门效益的实际情况。可以看出，烟草制造业的部门绩效还是位居第 1 名，且将近是第 2 名石油加工、炼焦和核燃料加工业的两倍。但是可以发现一个比较特殊的情况，就是在经济绩效和企业绩效中都位于尾部的煤炭开采和洗选业、石油和天然气开采业、有色金属矿采选业的部门绩效排名均在前 10 名，说明这类采矿业的从业人员工资水平较高，可能是因为采矿业的员工工作环境安全度较低，且工作地区相对偏远，工资是对其较差的工作环境的补偿。根据美国劳动统计局的调查，煤矿工人的工资要高出平均工资的 30%，在采矿业工作的大学毕业生或地质工程师平均年工资为 8 万美元。且采矿业的员工工作年限较短，一般只能工作到 46~50 岁。

5.2.4 政府效益

工业投入产出效益可以分为两部分，即直接效益和间接效益。直接效益是指对国民经济、企业本身的效益，例如上文提到的经济效益、企业效益和部门效益。都直接反映了该地区该行业的发展情况、企业利润水平和员工工资水平等。而工业投入产出的间接效益是指工业行业或地区促进政府社会发展而产生的效益，包括增加政府纳税、带动产业升级、增加就业、减少贫困、提高居民生活质量、促进社会均衡发展、促进城市化、促进技术进步等方面。这部分间接效益即是工业投入产出的社会效益的主体。在这里本书主要分析三类社会效益：政府效益、全社会效益和就业效益。

政府效益指的是工业企业产生的效益，不仅是对企业及其员工本身，它还有极大的外部效益，企业会为政府提供大量的税收。税收收入是国家和地方财政收入的主要来源，而稳定的财政收入是政府顺利开展工作的必要保证，在一定程度上，政府税收收入越高，可用于社会建设的资本越高，越有利于社会发展。所以为了研究工业投入产出的政府效益，应保持经济效益的投入指标不变，同时产出指标在工业总产值的基础上加上税收总额指标。简而言之，政府效益反映的就是工业的纳税水平。纳税水平的合理提高是整个社会发展的客观要求，是各国政府必须要重视的问题，它同科技进步、管理科学的发展、社会安定发展是密切相关的，它对社会、经济的发展起着至关重要的作用。税收的提高一部分是依靠税收制度的完善，政府监督管理水平提高，社会企业纳税自觉性加强；但最主要是依赖企业获利额度的提升。税收的合理增加有利于江苏省加强基础设施建设，为经济、社会的发展创造良好的环境，提高国家的综合国力，建设和谐社会。

企业缴纳的税主要分为四个部分：应缴增值税、营业税及其附加、财务费用中的税金以及在利润中扣除的应缴所得税，税收总额即将这4项加和。营业税金及附加指企业因从事生产经营活动按税法规定缴纳的应从经营收入中抵扣的税金和附加，包括营业税、消费税、城市维护建设税、教育费附加等。根据会计"利润表"中"营业税金及附加"项目的本期金额数填报。应缴增值税指企业按税法规定，从事货物销售或提供加工、修理修配劳务等增加货物价值的活动本期应缴纳的税金，不含期初未抵扣税额。根据会计相关科目贷方累计发生额，按下述公式计算填报：应缴增值税＝销项税额－（进项税额－进项税额转出）－出口抵减内销产品应纳税额－减免税款＋出口退税。税金指企业按照规定从管理费用中支付的房产税、印花税、车船使用税和土地使用税。根据"管理费用明细账"中"管理费用——税金"的期末借方余额（结转前）分析填报。应缴所得税指企业按税法规定，应从生产经营等活动的所得中缴纳的税金。执行2006年《企业会计准则》的企业，根据会计"利润表"中"所得税费用"项目的本期金额数填报；未执行2006年《企业会计准则》的企业，

根据会计"利润表"中"所得税"项目的本期金额数填报。该公式可表示为：$\{L, K1, K2 | TR, TT\}$，使用 dea-solver 中 super-SBM 模型计算结果见附表 5.8 和附表 5.9。

对比附表 5.2，可以看出政府效益的排序和经济效益的相对排序位置类似，只有徐州和南京的政府效益排名提高，这说明徐州和南京的纳税水平要高于其他城市。徐州的政府效益和第 1 名的泰州仅相差 0.002，差距微小。而附表 5.9 可以看出，烟草制造业是绝对的纳税大户，它是夹缝中的产业，是中国的一个主要税源。中国烟草制造业在日益严格的控烟政策和保障国家财政收入的使命之间探索发展之道。我国是一个发展中国家，烟草业的税利占我们国家税利的 1/9，如果没有这 1/9，将会加剧基础行业、基础设施投入的不足，而地方的产业将会因此而受到影响，而我们国家的国民生产总值，我们国家经济的发展，还有我国人民生活水平的提高都会因此受到严重的影响。在江苏省，烟草制造业也不容忽视。

5.2.5　全社会效益

工业发展会带来巨大的经济和社会效益，而且虽然第三产业发展很快，所占比重与第二产业基本持平，但是工业仍是江苏省经济发展的基石。工业的进一步发展需要大量的科研经费、建设资本等投入，所以要着重发展哪些行业哪些地区，就需要对各行业的社会效益进行系统测评。在这里考虑到的社会效益除了政府税收这种社会效益外，还包括利息收入、工资等其他社会价值，在这里用"全社会效益"来表示。为了计算工业投入产出的全社会效益，在工业总产出这个产出指标的基础上加入全部社会剩余价值指标，该指标由税收总额、企业利润、利息收入、折旧和从业人员工资总额加和计算而来。其中，税收总额、企业利润和从业人员工资总额在上面几节中都有描述，在它们加和时，需要把所得税的重复计算部分扣除。剩下两个指标的含义：利息支出指企业短期借款利息、长期借款利息、应付票据利息、票据贴现利息、应付债券利息、长期应付引进国外设备款利息等利息支出。根据企业"财务费用明细账"中"财务费用——利息支出"科目的本期发生额填报。如果企业没有单独设

立"利息收入"科目,应填报利息支出减去银行存款等的利息收入后的净额。本年折旧指企业在报告期内提取的固定资产折旧合计数。可以根据会计"财务状况变动表"中"固定资产折旧"项的数值填报。若企业执行 2001 年《企业会计制度》,可以根据会计核算中《资产减值准备、投资及固定资产情况》表内"当年计提的固定资产折旧总额"项本年增加数填报。该公式可表示为:{L,K1,K2|TR,TC},使用 dea-solver 中的 super-SBM 模型计算结果见附表 5.10 和附表 5.11。

计算结果显示,泰州的全社会效益仍占第 1 位,相较于政府效益排序,南京的全社会效益排名进一步提高,位列第 4,而宿迁全社会效益的排名也比政府效益的排名要高 1 位。说明这两个地区除了税收以外的其他对社会的贡献要高于排名在它们之前的城市。而行业的全社会效益排名(见附表 5.11)和各行业的政府效益排名类似,但是石油和天然气开采业排名显著提高,由政府效益中的第 27 位升至第 3 位,这说明该行业除税收以外的企业利润、利息收入、折旧和从业人员工资总额这些社会剩余价值总额的产出水平很高,要高于其他行业。反观计算机、通信和其他电子设备制造业,仪器仪表制造业以及医药制造业的全社会效益并没有起色。

5.2.6 就业效益

工业提供的就业效益,可以分为直接就业效益和间接就业效益,直接就业效益主要表现在该行业的从业人员的增加,而间接就业效益是指该行业的就业人数增加,工资水平提升,带动上下游行业的就业人数的增加。这个就业效益可以用工业从业人数和劳动报酬水平之间的关系表示,即投入多少工资额,带来多少就业人数。江苏省各市各行业的从业人数稳定增长,从业人员的收入近几年明显上升。高从业工资会吸引劳动力向该行业流动,工业的工资越高,就会吸纳越多的从业人员。就业情况对社会安定、经济发展都有着重要的作用。为了研究工资对就业数量的作用,将投入指标中的从业人员数量改成从业人员工资,在产出指标中加入从业人员数量,即投入指标为:从业人员工资总额、资本,产出指标为:从业人员数量、工业总产值。该公式可表示为:

{TW, K1, K2|TR, L}，使用 dea-solver 中的 super-SBM 模型计算结果见附表 5.12 和附表 5.13。

从附表 5.12 中可看出苏中、苏北地区的就业效益较高，但是相较苏南地区其他的效益排名，苏南地区的就业效益有所提高，尤其是苏州、常州的就业绩效排名提高至第 10、第 11 名。说这些地区的就业效益相对较高。而结合附表 5.13 的结果，可以发现苏州的主要支撑行业计算机、通信和其他电子设备制造业的就业效益排名明显高于其他效益。说明该行业在改善就业情况，增加就业方面起到了很大的作用。这也是苏州市就业效益排名比其他效益排名高的原因。而有非常高的政府效益和全社会效益的烟草制品业的就业效益并不高，说明该行业在解决就业问题上贡献比较有限。观察附表 5.13 可以发现就业效益排名在后 10 位的行业，有 8 个是垄断或进入门槛非常高的行业，这可以说明垄断行业的就业效益并不高，它的存在大部分是服务于民生需求，且这些行业是机械化、自动化水平较高的行业，主要的投资都在设备建设，而对劳动力需求较低，所以就业效益较低。从就业效益角度看，皮革、毛皮、羽毛及其制品和制鞋业，木材加工和木、竹、藤、棕、草制品业，农副食品加工业，文教、工美、体育和娱乐用品制造业，纺织服装、服饰业，纺织业等这些劳动密集型的轻工业表现良好。这些行业的发展对劳动力的需求很高，在解决民生问题方面也有着不可或缺的地位。

5.3 本章小结

工业是国民经济的重要组成部分，在一个国家或地区的经济及社会发展中具有举足轻重的地位和作用。在国民经济的诸多产业或部门中，工业是基础性产业，是社会发展不可或缺的一部分。工业是集经济效益、社会效益于一体的产业。可见工业不仅是国民经济建设的重要组成部分，而且是社会发展和民生改善的重要保障，它的社会效益不比经济效益小。由于这里提及的经济效益是广泛的经济效益，本节借鉴国内外文献对工业投入产出绩效的计量方法和理论基础进行了梳理，研究了工业投入产出绩效中的六种：经济效益、企业效益、部门效益、政府效益、全社会效益和就业效益。前三种是直接针对工业行业地区的直接经济效益，后三种是针对政府、社会、民生的社会效益。这样丰富了投入产出绩效的评价核算体系。本章研究得出以下结论：

首先，江苏省工业投入产出绩效兼具直接经济效益和社会效益。其核算体系中不仅包括了工业总产值、企业利润和工资总额这种直接经济指标，还包括了税金总额、社会剩余价值和吸纳从业人数这种能间接反映民生的社会指标。本章的研究对象，按地区分为江苏省13个大市，按行业分为40个行业，数据涵盖面广。在分析时重点分析苏南、苏中、苏北地区区域间差异，以及高技术行业、高产值行业、垄断性行业的行业效益情况，具有一定的代表性。

其次，从总产值看，江苏省工业表现良好，说明工业经济调整正在见效。那些产品附加值高、发展前景大的战略型新兴产业（如医药行业、电子行业等）虽然计算出来的各项绩效指标排名仅在全部行业的中游水平，但是不可否认它们的高发展性，现在的低绩效，很大程度上是因为它们需要的前期建设开发投入较高，还没能完全发挥前期投入的高生产能力。在江苏省一些高能耗低附加值的行业（如石油加工业、化学原料和化学制品制造业、黑色金属冶炼和压延加工业、有色金属冶炼和压延加工业等）的部分工业表现出高绩效水平，这和这些行业是相对成熟的老牌工业不无关系。这些行业的绩效虽高，但是由于其高耗能、高污染等原因，仍是江苏省需要重视调整的行业，江苏省的降耗工作仍面临较大的压力。

最后，完善工业经济效益和社会效益核算指标体，改进我国的统计制度和统计技术、方法等。工业经济效益和社会效益核算指标体系是一个多层次包括范围很广的指标群。而且其要受到工业经济发展、统计指标完善和国民经济等诸多因素的影响，本章对工业投入产出绩效体系的研究还处于探索阶段。

5.4 图表附录

附表 5.1　工业投入产出变量代码和名称对照表

变量代码	变量名称	变量代码	变量名称
L	从业人数总额	TP	企业利润总额
K1	固定资产	TW	从业人员工资总额
K2	流动资产	TT	政府税收总额
TR	工业总产值	TC	社会剩余价值

附表 5.2　江苏省 13 市经济效益指数及排名

排序	地区	效益指数	排序	地区	效益指数
1	泰州	1.1847	8	南通	0.7728
2	淮安	1.0601	9	镇江	0.7226
3	连云港	1.0372	10	常州	0.6758
4	徐州	1.0002	11	宿迁	0.589
5	扬州	0.8554	12	无锡	0.5783
6	盐城	0.8314	13	苏州	0.5738
7	南京	0.7732			

附表 5.3　江苏省各行业经济效益指数及排序

排序	行业	效益指数
1	石油加工、炼焦和核燃料加工业	1.9202
2	皮革、毛皮、羽毛及其制品和制鞋业	1.0365
3	烟草制品业	1.0098
4	有色金属冶炼和压延加工业	0.6482
5	木材加工和木、竹、藤、棕、草制品业	0.6447
6	农副食品加工业	0.5973
7	其他制造业	0.5304

续表

排序	行业	效益指数
8	文教、工美、体育和娱乐用品制造业	0.5093
9	电力、热力生产和供应业	0.5017
10	黑色金属矿采选业	0.4827
11	废弃资源综合利用业	0.4486
12	汽车制造业	0.4315
13	黑色金属冶炼和压延加工业	0.4298
14	纺织服装、服饰业	0.4223
15	电气机械和器材制造业	0.4219
16	化学原料和化学制品制造业	0.4201
17	计算机、通信和其他电子设备制造业	0.4121
18	医药制造业	0.4108
19	金属制品业	0.4022
20	仪器仪表制造业	0.384
21	金属制品、机械和设备修理业	0.3697
22	纺织业	0.3589
23	家具制造业	0.3461
24	化学纤维制造业	0.3391
25	通用设备制造业	0.3239
26	橡胶和塑料制品业	0.3182
27	食品制造业	0.3159
28	专用设备制造业	0.3127
29	非金属矿物制品业	0.308
30	非金属矿采选业	0.3057
31	开采辅助活动	0.3026
32	燃气生产和供应业	0.2892
33	铁路、船舶、航空航天和其他运输设备制造业	0.2876
34	酒、饮料和精制茶制造业	0.2818
35	印刷和记录媒介复制业	0.2697
36	造纸和纸制品业	0.2292

续表

排序	行业	效益指数
37	有色金属矿采选业	0.2084
38	石油和天然气开采业	0.1762
39	煤炭开采和洗选业	0.1391
40	水的生产和供应业	0.0525

附表 5.4　江苏省 13 市企业效益指数及排名

排序	地区	效益指数	排序	地区	效益指数
1	泰州	1.1847	8	盐城	0.8376
2	徐州	1.0787	9	南通	0.8366
3	淮安	1.0601	10	镇江	0.7226
4	连云港	1.0426	11	常州	0.6758
5	宿迁	0.8904	12	无锡	0.5783
6	南京	0.8801	13	苏州	0.5738
7	扬州	0.8629			

附表 5.5　江苏省各行业企业效益指数及排序

排序	行业	效益指数
1	烟草制品业	3.8329
2	石油加工、炼焦和核燃料加工业	1.9202
3	电力、热力生产和供应业	1.2264
4	木材加工和木、竹、藤、棕、草制品业	1.1846
5	皮革、毛皮、羽毛及其制品和制鞋业	1.0365
6	酒、饮料和精制茶制造业	1.024
7	农副食品加工业	0.9447
8	开采辅助活动	0.8427
9	医药制造业	0.7436
10	燃气生产和供应业	0.7282
11	文教、工美、体育和娱乐用品制造业	0.6713

续表

排序	行业	效益指数
12	其他制造业	0.6587
13	有色金属冶炼和压延加工业	0.6515
14	汽车制造业	0.605
15	纺织服装、服饰业	0.5486
16	仪器仪表制造业	0.5331
17	化学原料和化学制品制造业	0.5214
18	黑色金属矿采选业	0.5148
19	金属制品、机械和设备修理业	0.5085
20	电气机械和器材制造业	0.5005
21	金属制品业	0.4916
22	计算机、通信和其他电子设备制造业	0.4629
23	食品制造业	0.4558
24	废弃资源综合利用业	0.4486
25	黑色金属冶炼和压延加工业	0.4317
26	非金属矿采选业	0.4258
27	通用设备制造业	0.4122
28	纺织业	0.411
29	橡胶和塑料制品业	0.4027
30	专用设备制造业	0.3979
31	非金属矿物制品业	0.3882
32	印刷和记录媒介复制业	0.3776
33	铁路、船舶、航空航天和其他运输设备制造业	0.3682
34	家具制造业	0.3584
35	化学纤维制造业	0.3391
36	有色金属矿采选业	0.3353
37	石油和天然气开采业	0.3267
38	造纸和纸制品业	0.2712
39	煤炭开采和洗选业	0.1391
40	水的生产和供应业	0.0799

5 江苏省工业投入产出绩效实证分析

附表 5.6 江苏省 13 市部门效益指数及排序

排序	地区	效益指数	排序	地区	效益指数
1	泰州	1.1847	8	宿迁	1.0043
2	扬州	1.172	9	苏州	1.0024
3	徐州	1.0866	10	常州	0.8513
4	淮安	1.0673	11	盐城	0.8499
5	南京	1.0535	12	无锡	0.8368
6	连云港	1.0426	13	镇江	0.8034
7	南通	1.0149			

附表 5.7 江苏省各行业部门效益指数及排序

排序	行业	效益指数
1	烟草制品业	3.8329
2	石油加工、炼焦和核燃料加工业	1.9202
3	电力、热力生产和供应业	1.402
4	皮革、毛皮、羽毛及其制品和制鞋业	1.2409
5	木材加工和木、竹、藤、棕、草制品业	1.1992
6	有色金属矿采选业	1.1472
7	石油和天然气开采业	1.1315
8	其他制造业	1.0931
9	煤炭开采和洗选业	1.0416
10	酒、饮料和精制茶制造业	1.024
11	文教、工美、体育和娱乐用品制造业	0.9865
12	医药制造业	0.9639
13	农副食品加工业	0.9447
14	汽车制造业	0.9373
15	纺织服装、服饰业	0.928
16	有色金属冶炼和压延加工业	0.9228
17	仪器仪表制造业	0.9212
18	计算机、通信和其他电子设备制造业	0.8765
19	家具制造业	0.8765

续表

排序	行业	效益指数
20	电气机械和器材制造业	0.8589
21	黑色金属矿采选业	0.8527
22	开采辅助活动	0.8427
23	金属制品业	0.817
24	燃气生产和供应业	0.8117
25	专用设备制造业	0.8115
26	通用设备制造业	0.7889
27	化学原料和化学制品制造业	0.7772
28	金属制品、机械和设备修理业	0.7693
29	铁路、船舶、航空航天和其他运输设备制造业	0.7475
30	食品制造业	0.7316
31	橡胶和塑料制品业	0.7293
32	纺织业	0.7127
33	印刷和记录媒介复制业	0.7029
34	黑色金属冶炼和压延加工业	0.6858
35	化学纤维制造业	0.6549
36	非金属矿物制品业	0.6512
37	非金属矿采选业	0.6432
38	废弃资源综合利用业	0.6351
39	造纸和纸制品业	0.5696
40	水的生产和供应业	0.3692

附表5.8 江苏省13市政府效益指数及排序

排序	地区	效益指数	排序	地区	效益指数
1	泰州	1.1864	5	南京	1.0272
2	徐州	1.1843	6	扬州	0.8554
3	淮安	1.0601	7	盐城	0.8476
4	连云港	1.0372	8	南通	0.7728

5 江苏省工业投入产出绩效实证分析

续表

排序	地区	效益指数	排序	地区	效益指数
9	镇江	0.7226	12	无锡	0.5783
10	常州	0.6758	13	苏州	0.5738
11	宿迁	0.5915			

附表5.9 江苏省各行业政府效益指数及排序

排序	行业	效益指数
1	烟草制品业	3.6772
2	石油加工、炼焦和核燃料加工业	1.961
3	皮革、毛皮、羽毛及其制品和制鞋业	1.0365
4	有色金属冶炼和压延加工业	0.6482
5	木材加工和木、竹、藤、棕、草制品业	0.6447
6	农副食品加工业	0.5973
7	其他制造业	0.5304
8	文教、工美、体育和娱乐用品制造业	0.5093
9	电力、热力生产和供应业	0.5017
10	黑色金属矿采选业	0.4827
11	废弃资源综合利用业	0.4486
12	汽车制造业	0.4315
13	黑色金属冶炼和压延加工业	0.4298
14	纺织服装、服饰业	0.4223
15	电气机械和器材制造业	0.4219
16	化学原料和化学制品制造业	0.4201
17	计算机、通信和其他电子设备制造业	0.4121
18	医药制造业	0.4108
19	金属制品业	0.4022
20	仪器仪表制造业	0.384
21	金属制品、机械和设备修理业	0.3697
22	纺织业	0.3589

续表

排序	行业	效益指数
23	家具制造业	0.3461
24	化学纤维制造业	0.3391
25	通用设备制造业	0.3239
26	橡胶和塑料制品业	0.3182
27	石油和天然气开采业	0.3163
28	食品制造业	0.3159
29	专用设备制造业	0.3127
30	非金属矿物制品业	0.308
31	非金属矿采选业	0.3057
32	开采辅助活动	0.3026
33	燃气生产和供应业	0.2892
34	铁路、船舶、航空航天和其他运输设备制造业	0.2876
35	酒、饮料和精制茶制造业	0.2818
36	印刷和记录媒介复制业	0.2697
37	造纸和纸制品业	0.2292
38	有色金属矿采选业	0.2084
39	煤炭开采和洗选业	0.1391
40	水的生产和供应业	0.0525

附表 5.10　江苏省 13 市全社会效益指数及排序

排序	地区	效益指数	排序	地区	效益指数
1	泰州	1.1847	8	南通	0.8458
2	徐州	1.0671	9	镇江	0.7747
3	淮安	1.0619	10	宿迁	0.7622
4	南京	1.0469	11	常州	0.7185
5	连云港	1.0388	12	无锡	0.6078
6	扬州	0.9578	13	苏州	0.5738
7	盐城	0.866			

附表 5.11 江苏省各行业全社会效益指数及排序

排序	行业	效益指数
1	烟草制品业	3.2801
2	石油加工、炼焦和核燃料加工业	1.9517
3	石油和天然气开采业	1.1374
4	皮革、毛皮、羽毛及其制品和制鞋业	1.0365
5	电力、热力生产和供应业	1.0074
6	有色金属冶炼和压延加工业	0.6482
7	木材加工和木、竹、藤、棕、草制品业	0.6447
8	农副食品加工业	0.5973
9	其他制造业	0.5304
10	文教、工美、体育和娱乐用品制造业	0.5093
11	黑色金属矿采选业	0.4827
12	废弃资源综合利用业	0.4486
13	纺织服装、服饰业	0.434
14	汽车制造业	0.4323
15	黑色金属冶炼和压延加工业	0.4298
16	电气机械和器材制造业	0.4219
17	医药制造业	0.4212
18	化学原料和化学制品制造业	0.4201
19	计算机、通信和其他电子设备制造业	0.4121
20	金属制品业	0.4022
21	仪器仪表制造业	0.384
22	金属制品、机械和设备修理业	0.3833
23	纺织业	0.3589
24	酒、饮料和精制茶制造业	0.3501
25	家具制造业	0.3461
26	化学纤维制造业	0.3391
27	开采辅助活动	0.3355
28	通用设备制造业	0.3239
29	非金属矿采选业	0.3201

续表

排序	行业	效益指数
30	橡胶和塑料制品业	0.3182
31	食品制造业	0.3175
32	专用设备制造业	0.3141
33	非金属矿物制品业	0.308
34	燃气生产和供应业	0.3024
35	铁路、船舶、航空航天和其他运输设备制造业	0.2885
36	印刷和记录媒介复制业	0.2853
37	有色金属矿采选业	0.2631
38	煤炭开采和洗选业	0.2397
39	造纸和纸制品业	0.2323
40	水的生产和供应业	0.0913

附表 5.12　江苏省 13 市就业效益指数及排序

排序	地区	效益指数	排序	地区	效益指数
1	泰州	1.1894	8	南通	0.8181
2	淮安	1.1271	9	镇江	0.7471
3	宿迁	1.073	10	常州	0.725
4	盐城	1.0391	11	苏州	0.7189
5	连云港	1.036	12	南京	0.6937
6	扬州	1.0224	13	无锡	0.6444
7	徐州	0.993			

附表 5.13　江苏省各行业就业效益指数及排序

排序	行业	效益指数
1	石油加工、炼焦和核燃料加工业	1.7126
2	皮革、毛皮、羽毛及其制品和制鞋业	1.3176
3	开采辅助活动	1.1227
4	木材加工和木、竹、藤、棕、草制品业	1.0617

续表

排序	行业	效益指数
5	其他制造业	1.0065
6	农副食品加工业	0.8706
7	文教、工美、体育和娱乐用品制造业	0.8517
8	有色金属冶炼和压延加工业	0.842
9	纺织服装、服饰业	0.7805
10	黑色金属矿采选业	0.7352
11	金属制品、机械和设备修理业	0.7139
12	纺织业	0.6816
13	废弃资源综合利用业	0.6731
14	计算机、通信和其他电子设备制造业	0.6624
15	金属制品业	0.6594
16	家具制造业	0.6497
17	烟草制品业	0.6491
18	汽车制造业	0.6351
19	电气机械和器材制造业	0.6334
20	医药制造业	0.6214
21	非金属矿采选业	0.6161
22	食品制造业	0.6103
23	橡胶和塑料制品业	0.6024
24	化学原料和化学制品制造业	0.5976
25	黑色金属冶炼和压延加工业	0.5956
26	酒、饮料和精制茶制造业	0.5923
27	仪器仪表制造业	0.5893
28	非金属矿物制品业	0.5805
29	印刷和记录媒介复制业	0.5668
30	化学纤维制造业	0.5594
31	通用设备制造业	0.5582
32	专用设备制造业	0.5379
33	铁路、船舶、航空航天和其他运输设备制造业	0.5181

续表

排序	行业	效益指数
34	电力、热力生产和供应业	0.4731
35	煤炭开采和洗选业	0.4705
36	石油和天然气开采业	0.4667
37	造纸和纸制品业	0.4384
38	燃气生产和供应业	0.416
39	有色金属矿采选业	0.3811
40	水的生产和供应业	0.2707

6 代表性行业分析

本章在前文总体分析的基础上,选取典型行业进一步分析。由于总产值比重是反映一个行业占地区总体经济比重的一个重要指标。所以选取行业产值占总产值比重前10位的行业作为代表性行业进行进一步分析。这10个行业如表6.1所示。

表6.1 江苏省总产值排名前10名的行业及其工业总产值

按总产值排序	行业	工业总产值（亿元）
1	计算机、通信和其他电子设备制造业	17092.44
2	化学原料和化学制品制造业	14755.33
3	电气机械和器材制造业	14356.57
4	黑色金属冶炼和压延加工业	10483.16
5	通用设备制造业	7381.54
6	纺织业	6444.93
7	汽车制造业	5662.98
8	金属制品业	5425.63
9	专用设备制造业	5069.79
10	电力、热力生产和供应业	4457.71

6.1 计算机、通信和其他电子设备制造业

计算机、通信和其他电子设备制造业是江苏省工业总产值最高的行业，有17092.44亿元，其中苏州市的计算机、通信和其他电子设备制造业总产值有9866亿元，占了全省的57.7%，而南京的2138.88亿元，占12.5%，无锡的1612.88亿元，占9.4%（见表6.2），其他城市的计算机、通信和其他电子设备制造业占比均为4%以下。这个行业是一个高度区域集中的行业。但是从人均产值角度看，总产值排名前列的地区人均产值反而较低。只有南京市、南通市的人均产值和总产值排名相对均衡。目前，江苏省计算机、通信和其他电子设备制造业的利润已经呈现出稳定的增长趋势，增幅持续高于固定资产投资和销售收入的增长率，这部分地反映了这些行业生产力的稳步提高。但是，江苏省计算机、通信和其他电子设备制造业的整体水平与发达国家地区相比尚有较大的差距，主要体现在先进装备的自主设计能力差，成套与系统集成、优化能力不足，技术创新和集成能力不尽人意。这些差距有不少集中体现在技术方面，成为制约江苏省计算机、通信和其他电子设备制造业乃至其他行业经济发展的关键"瓶颈"问题之一。

表6.2 江苏省13市计算机、通信和其他电子设备制造业的总产值、人均产值及排序

市	总产值（亿元）	按总产值排序	人均产值（万元/人）	按人均产值排序
苏州	9866.00	1	91.74	7
南京	2138.88	2	178.45	3
无锡	1612.88	3	67.94	11
淮安	655.68	4	91.81	6
南通	566.78	5	115.64	4
常州	553.25	6	57.50	12
扬州	430.99	7	75.84	9

续表

市	总产值（亿元）	按总产值排序	人均产值（万元/人）	按人均产值排序
镇江	340.24	8	90.35	8
泰州	302.18	9	115.64	5
徐州	289.79	10	205.98	1
宿迁	140.74	11	39.25	13
连云港	111.18	12	181.64	2
盐城	69.00	13	72.88	10

江苏省各市的计算机、通信和其他电子设备制造业投入产出绩效见表6.3。与总产值排名结果形成了强烈反差，六种效益排名中，徐州市的经济效益、企业效益、政府效益、社会效益均排在第1位，部门效益和就业效益排在第2位，是非常高效的一个地区。而淮安市的计算机、通信和其他电子设备制造业效益水平略低于徐州，其中经济效益、企业效益、政府效益、社会效益均排在第2位，部门效益和就业效益排在第1位。淮安市的总产值也仅次于苏州市、南京市、无锡市，排第4位，说明该地区的计算机、通信和其他电子设备制造业不仅效率高，且已有一定的生产规模，有进一步投资发展的价值。而总产值大市苏州的该行业各项效益排名居中，这可能和苏州的计算机、通信和其他电子设备制造业的企业类型有关，苏州很多计算机、通信和其他电子设备制造业是外商投资或中外合资企业，它们的技术多为引进技术，计算机、通信和其他电子设备制造业的引进国外技术支出在众多行业中最高，而其消化吸收经费与引进技术经费之比很低，说明对国外技术的依赖性很大。这样市场生产值虽然很高，但是在技术使用方面的支出也非常高，并且技术没有得到理想程度的提升，接受到的技术也只是周边技术，而非核心技术。在计算机、通信和其他电子设备制造业中获取利润较高的是核心技术竞争和中端产品的生产，而非最后的产成品。这样会占用苏州地区过多的流动资产来维持生产运作，可能造成苏州高产值、低效率的情况。所以要改变这种情况，必须加强技术研发，跟上时代的步伐。

表 6.3 江苏省 13 市计算机、通信和其他电子设备制造业的经济、企业、部门、政府、全社会、就业效益及排序

市	经济效益	按经济效益排序	企业效益	按企业效益排序	部门效益	按部门效益排序	政府效益	按政府效益排序	全社会效益	按全社会效益排序	就业效益	按就业效益排序
南京	0.6581	4	0.7188	4	1.0695	3	0.6581	4	0.6581	4	0.6334	11
无锡	0.2787	12	0.2787	13	1.0156	6	0.2787	12	0.3041	13	0.5013	13
徐州	1.3813	1	1.7211	1	1.7211	2	1.7557	1	1.3813	1	1.4880	2
常州	0.3021	11	0.3021	12	1.0491	4	0.3021	11	0.4048	11	0.6377	10
苏州	0.4785	7	0.4785	7	0.8004	9	0.4785	7	0.4785	7	0.6617	7
南通	0.5510	6	0.5510	6	1.0089	7	0.5510	6	0.5510	6	0.6558	9
连云港	0.7776	3	0.7776	3	1.0212	5	0.7776	3	0.7776	3	1.0031	5
淮安	1.1559	2	1.1559	2	2.1172	1	1.1559	2	1.3153	2	1.6942	1
盐城	0.4291	8	0.4291	8	0.5195	13	0.4291	8	0.4291	8	1.1298	3
扬州	0.3430	10	0.3430	11	0.9248	8	0.3430	10	0.4221	9	0.5529	12
镇江	0.3871	9	0.3871	10	0.5502	12	0.3871	9	0.3871	12	0.6609	8
泰州	0.6103	5	0.6103	5	0.7469	10	0.6103	5	0.6103	5	1.0295	4
宿迁	0.2080	13	0.3963	9	0.6858	11	0.2080	13	0.4141	10	0.8259	6

6.2 化学原料和化学制品制造业

化学原料和化学制品制造业包括基础化学原料制造，肥料制造，农药制造，涂料、油墨、颜料及类似产品制造，合成材料制造，专用化学产品制造及日用化学产品制造七个子行业。化学原料及化学制品制造业行业发展状况与国民经济形势密切相关。自改革开放以来，我国宏观经济持续增长，工业化和城市化进程不断加快；我国国民经济的持续增长，为化学原料及化学制品制造业的快速发展提供了良好的经济环境。由表6.4可见，化学原料和化学制品制造业在各市分布值相较计算机行业来说要平均得多，前4名的城市（南京、苏州、徐州、南通）前后名之间的工业总产值差距只有几十亿元，占总额的5%以下。除了这四个城市外，总产值大于1000亿元的城市还有四个（常州、镇江、无锡、扬州），低于1000亿元的城市中，泰州、盐城也有800亿元以上的工业总产值。化学原料和化学制品制造业的人均总产值的排名和工业总产值排名差距较小，只有苏州的总产值排名第2，而人均总产值排名仅占第11名。观察表6.5可以发现，徐州市各项效益排名均在第1名，苏州市的各项效益中除了部门效益大于1，排名第7以外，其他的效益都排倒数第1名。说明苏州市的从业人员工资较高，但是创造的其他效益较低。近年来，江苏省化学原料及化学制品制造业快速增长，其增长具有两面性，在增加价值的同时也过度消耗着资源。如果企业的生产经营、新产品开发和技术创新跟不上增长的步伐，企业将面临严重困境。只有能够创造价值的可持续增长的价值才能使企业长足发展。江苏省化工经济"大而不强"的问题还很突出，在产业集中度、整体生产技术和技术创新等方面仍存在较大问题。化学工业中，占主导地位的化学原料及化学制品制造业在未来还有很大的经济发展价值。但是在未来的发展中，我们应该更注重价值链之中每一个环节，充分地整合利用资源，合理优化产业结构。注重化学原料及化学制品制造业中的创新因素，特别要注重加大科技投入的强度，以此把握产品的主动权。只有这样才能使得江苏省的化学工业不但"大"而且"强"，化学原料及化学制品制造业才能在未来的全球化竞争中凸显出优势。

表 6.4 江苏省 13 市化学原料和化学制品制造业的总产值、人均产值及排序

市	总产值（亿元）	按总产值排序	从业人员平均人数（万人）	人均产值（万元/人）	按人均产值排序
南京	1794.51	1	6.69	268.28	2
苏州	1704.59	2	10.86	157.00	11
徐州	1632.11	3	6.19	263.72	3
南通	1601.53	4	7.36	217.52	5
常州	1410.73	5	6.78	207.99	6
镇江	1323.17	6	4.49	295.00	1
无锡	1270.47	7	6.70	189.54	9
扬州	1011.69	8	4.90	206.46	7
泰州	881.70	9	3.87	227.86	4
盐城	825.76	10	5.06	163.33	10
连云港	740.51	11	3.77	196.56	8
淮安	331.37	12	2.44	135.94	12
宿迁	227.19	13	1.99	114.33	13

6 代表性行业分析

表 6.5 江苏省 13 市化学原料和化学制品制造业的经济、企业、部门、政府、全社会、就业效益及排序

市	经济效益	按经济效益排序	企业效益	按企业效益排序	部门效益	按部门效益排序	政府效益	按政府效益排序	全社会效益	按全社会效益排序	就业效益	按就业效益排序
南京	0.7263	8	0.7263	9	1.0375	5	0.7263	8	0.7263	9	0.5850	12
无锡	0.6661	10	0.6661	10	0.7402	13	0.6661	10	0.6765	10	0.7225	11
徐州	1.2252	1	1.2651	1	1.2651	1	1.3277	1	1.2534	1	1.2479	1
常州	0.8299	7	0.8299	7	1.0081	8	0.8299	7	1.0427	4	0.8303	9
苏州	0.4762	13	0.4762	13	1.0328	7	0.4762	13	0.5153	13	0.5659	13
南通	1.0347	3	1.0347	4	1.0347	6	1.0347	3	1.0347	5	1.0326	5
连云港	0.8459	6	0.8459	6	0.9559	9	0.8459	6	0.8459	7	1.0342	4
淮安	0.5680	12	0.5680	12	0.7494	12	0.5680	12	0.5680	12	1.0420	3
盐城	0.6676	9	0.7428	8	0.7792	11	0.6676	9	0.7355	8	1.0206	7
扬州	0.9450	4	1.0684	2	1.0911	3	0.9450	5	1.0468	3	0.9626	8
镇江	1.0385	2	1.0407	3	1.0549	4	1.0385	2	1.0795	2	0.7800	10
泰州	0.8837	5	0.9501	5	0.9501	10	1.0307	4	0.9506	6	1.0296	6
宿迁	0.5763	11	0.6235	11	1.0919	2	0.5763	11	0.6705	11	1.1595	2

6.3 电气机械和器材制造业

电气机械和器材制造业是我国国民经济行业分类中一个非常重要的大类，细分行业包括电机制造业、输配电及控制设备制造业、电工器械制造业、日用电器制造业等，该行业产品技术密集程度相对较高，其在提升产业经济、提高一国国民生活质量中起着不可替代的基础性作用。在当代，电器机械和器材制造行业已经成为反映一国工业发展水平的重要指标性行业。电器机械和器材制造业体现着国家工业发展进程，又受本国经济社会建设水平，尤其是工业发展总体环境的影响。在这个行业中苏州的总产值2459.55亿元，位居第1，高于第2名无锡2105.79亿元17%，但是它的人均产值较低（见表6.6）。总产值排名前八位的都是苏南地区和苏中地区，说明江苏省电气机械和器材制造业主要集中在苏南地区和苏中地区尤其是苏锡常地区。但是看效率，苏锡常地区仅有常州的效益处在中游水平，苏州、无锡都在下游。徐州、泰州的效益反而比较高。这可能和徐州市的投资结构不断完善有关，2013年，徐州第一产业投资31.09亿元，比上年下降18.1%；第二产业投资1707.9亿元，增长17.9%；第三产业投资1351.14亿元，增长25.1%。工业投资中制造业投资1559.56亿元，增长24.7%；高新技术产业投资148.84亿元，增长3.8%。主要工业行业投资中，通用设备制造业、医药制造业和电气机械及设备制造业增速分别为48.9%、71.8%和112.1%。在剩下的城市中，只有南通市除了就业效益以外的其他效益排名接近，均在第3、第4名，说明南通的各项效益水平都比较高（见表6.7）。

从目前来看，伴随着国家、江苏省在电力、装备制造以及高新技术领域的政策支持和引导，江苏省电器机械和器材制造业仍然处于较快增长阶段。然而，在增长的同时，行业内外也涌动着不稳定因素，使得行业面临着不可回避的风险，主要有产业结构风险、行业运营风险以及环境风险。①产业结构风险：江苏省的产业结构仍显混乱，优化进程尚未全面展开。近年来，江苏省不断加大电力投资，市场对于电器机械，尤其是输变电机械设备的研发和制造提出了更

表6.6 江苏省13市电气机械和器材制造业的总产值、人均产值及排序

市	总产值（亿元）	按总产值排序	从业人员平均人数（万人）	人均产值（万元/人）	按人均产值排序
苏州	2459.55	1	26.64	92.32	12
无锡	2105.79	2	13.51	155.83	6
常州	1827.09	3	12.27	148.97	7
扬州	1571.79	4	9.98	157.55	5
南通	1527.19	5	9.46	161.41	3
镇江	1301.07	6	8.17	159.28	4
泰州	1117.12	7	6.09	183.37	2
南京	768.71	8	6.21	123.69	8
徐州	721.79	9	3.13	230.40	1
淮安	380.61	10	3.48	109.41	10
盐城	288.88	11	2.80	103.34	11
连云港	144.16	12	1.23	117.51	9
宿迁	142.82	13	2.21	64.71	13

表 6.7 江苏省 13 市电气机械和器材制造业的经济、企业、部门、政府、全社会、就业效益及排序

市	经济效益	按经济效益排序	企业效益	按企业效益排序	部门效益	按部门效益排序	政府效益	按政府效益排序	全社会效益	按全社会效益排序	就业效益	按就业效益排序
南京	0.5692	8	0.5703	8	1.1104	5	0.5692	8	0.7045	6	0.6380	12
无锡	0.5341	10	0.5339	10	0.7281	11	0.5339	10	0.5339	10	0.5418	13
徐州	1.4777	1	1.7053	1	1.7053	1	1.5707	1	1.4783	1	1.6292	1
常州	0.5966	6	0.5964	6	0.7976	9	0.5964	6	0.5964	8	0.6758	9
苏州	0.4312	12	0.4311	12	1.0097	7	0.4311	12	0.4311	13	0.6635	11
南通	0.7280	3	0.8421	3	1.1321	4	0.7279	3	0.9033	4	0.7578	8
连云港	0.5609	9	0.5603	9	0.7232	12	0.5603	9	0.5603	9	0.8665	6
淮安	0.7236	4	0.7234	4	1.1387	3	0.7234	4	1.0287	3	1.1206	3
盐城	0.4635	11	0.4631	11	0.6308	13	0.4631	11	0.4908	11	1.0053	5
扬州	0.7228	5	0.7225	5	1.0688	6	0.7225	5	0.7447	5	0.8115	7
镇江	0.5827	7	0.5825	7	0.7502	10	0.5825	7	0.5989	7	0.6725	10
泰州	1.1836	2	1.1836	2	1.1836	2	1.2038	2	1.1836	2	1.1880	2
宿迁	0.3995	13	0.3993	13	0.8607	8	0.3993	13	0.4373	12	1.0970	4

广泛的需求,也提出了更高层次的要求。然而,不论是市场的需求还是政府要求,都从正反双向刺激着行业的整体增长。但是市场资源被过多地投放于大量低端的细分产业,如配电开关及元件、电线电缆等。新型产品产量甚微,整个产品链无法对接市场的实际需求。结构的失衡意味着产能的增长与市场需求的增长有可能错位,甚至是缺位与错位并存,最终将损害电器机械及器材制造业的健康发展。②行业运营风险:江苏省电器机械及器材制造业的运营绩效,存在稳定发展趋势难以保持的隐忧。与占江苏省电器机械行业相当比重的民营企业和国有大型企业在人才、资源、技术方面优势明显相比,越发凸显出经营管理的乏力。行业运营稳定性减弱,使得行业投资的预期产生波动,进而在制造业或其他行业的状况同时发生变化时,有可能使得行业本身的不可预期性盲目增加,导致行业发展前景受损。③环境风险,包括自然环境和社会环境。一方面,电力行业本身属于高耗能产业,对其加大投资发展力度,必然为我们的生存环境带来更大损害。我国虽然地大物博,但人均资源占有量很少,且资源的分布很不均衡,江苏省作为经济发展大省,消耗能源多,但是自有资源量却比较少。作为电力行业相关产业的电器机械行业,在这种可持续发展的制度约束下,承担着极为重要的责任。另一方面,国家和江苏省的产业政策及法律法规既引导又约束行业走向,电器机械行业既有可能把握机遇高歌猛进,也有可能错失机遇停滞不前。不能准确把握自然、社会两个环境,我国电器机械和器材制造行业就将失去健康成长的土壤。在不断优化产业结构的同时,江苏省电气机械和器材制造业要充分利用国家宏观政策,提升管理经营水平,吸引更优质的人力、财力和物力资源,为自主创新技术的发展注入活力。

6.4 黑色金属冶炼和压延加工业

黑色金属冶炼和压延加工业主要包括炼铁业、炼钢业、钢压延加工业以及铁合金冶炼业等,是衡量一国综合国力的重要指标。在中国,黑色金属冶炼和延压加工业的主体是钢铁行业。目前中国是世界上最大的黑色金属冶炼及延压加工业产品生产国和消费国,也是此类产品最重要的出口国之一。江苏省的黑色金属冶炼和压延加工业产值也相当大,在全省各行业工业产值的排名中位列第 4,其中有 62.2% 的产值来自苏州、无锡、常州,且这三市的人均产值分别排名第 2、第 6、第 3 位(见表 6.8),没有出现高总产值低人均产值的现象。但是,从效益角度看,连云港各项效益位列第 1(见表 6.9),南京排最后一位。黑色金属冶炼和压延加工业是钢铁工业的重要组成部分,现在它的发展存在许多不容忽视的问题:成本上涨过快,钢铁企业生产成本大幅上升,其中铁矿石的影响最大,在 2010 年的"铁矿石谈判"中,三大巨头开始执行季度定价,由于其对铁矿石的垄断,国内钢铁厂只能接受日韩采纳的报价,导致铁矿石进口价格攀升;出口贸易摩擦不断,国际贸易保护主义加剧。若要在中国乃至世界的黑色金属冶炼和压延加工业占有一席之地,江苏省各市必须提高投入产出绩效,并且增加精钢的产出,而不是在附加值低的粗钢上投入过多资源。

表 6.8 江苏省 13 市黑色金属冶炼和压延加工业的总产值、人均产值及排序

市	总产值(亿元)	按总产值排序	从业人员平均人数(万人)	人均产值(万元/人)	按人均产值排序
苏州	2860.75	1	7.80	366.77	2
无锡	2018.43	2	9.53	211.72	6
常州	1641.08	3	5.57	294.88	3
南京	778.40	4	3.19	243.70	4
徐州	712.36	5	4.23	168.29	11
连云港	593.91	6	1.54	384.68	1
泰州	433.39	7	1.99	217.97	5
镇江	307.45	8	1.82	168.50	10
淮安	296.33	9	1.43	207.26	7
扬州	293.81	10	1.73	170.08	9
盐城	267.27	11	2.17	123.32	13
南通	216.69	12	1.22	177.24	8
宿迁	63.30	13	0.44	144.54	12

6 代表性行业分析

表 6.9 江苏省 13 市黑色金属冶炼和压延加工业的经济、企业、部门、政府、全社会、就业效益及排序

市	经济效益	按经济效益排序	企业效益	按企业效益排序	部门效益	按部门效益排序	政府效益	按政府效益排序	全社会效益	按全社会效益排序	就业效益	按就业效益排序
南京	0.4176	12	0.4176	13	0.5604	13	0.4176	12	0.4176	13	0.4769	13
无锡	0.4732	10	0.4732	11	0.6279	10	0.4732	11	0.4970	10	0.5926	11
徐州	0.6409	5	1.0704	2	1.1292	3	1.0373	3	1.0640	2	1.1789	2
常州	0.6331	6	0.6331	7	1.0523	6	0.6331	6	0.6331	7	0.6221	10
苏州	0.5639	7	0.5639	8	1.0032	8	0.5639	7	0.5639	8	0.5419	12
南通	1.0273	2	1.0400	4	1.0559	4	1.0316	4	1.0273	3	1.1332	3
连云港	1.6272	1	1.6272	1	1.6272	1	1.6272	1	1.6272	1	1.4968	1
淮安	0.4886	9	0.4886	10	0.5793	11	0.4886	9	0.4886	11	0.7077	8
盐城	0.4248	11	0.4248	12	0.6301	9	0.4882	10	0.5515	9	1.0132	5
扬州	0.5316	8	0.9461	5	1.0535	5	0.5316	8	0.8262	6	0.7985	7
镇江	0.8608	3	0.8608	6	1.3901	2	0.8608	5	0.8804	5	1.0072	6
泰州	0.7869	4	1.0442	3	1.0442	7	1.0598	2	1.0204	4	1.0893	4
宿迁	0.3304	13	0.4946	9	0.5734	12	0.3484	13	0.4499	12	0.6793	9

6.5 通用设备制造业

通用设备制造业包括锅炉及原动机制造，金属加工机械制造，起重运输设备制造，泵、阀门、压缩机及类似机械的制造，轴承、齿轮、传动和驱动部件的制造，烘炉、熔炉及电炉制造，风机、衡器、包装设备等通用设备制造，通用零部件制造及机械修理，金属铸、锻加工等。通用设备制造业是装备制造业中的基础产业，为工业行业提供动力、传动、基础加工、起重运输、热处理等基础设备，钢铁铸件、锻件等初级产品和轴承、齿轮、紧固件、密封件等基础零部件。行业产品应用领域广泛，主要涵盖航空航天、交通运输、石油化工、轻工纺织等市场。江苏省的通用设备制造业，苏州产值占总产值的25%，南通、无锡约占11%~12%，盐城、徐州、常州、泰州的产值均在500亿~700亿元，占7%~10%。但是人均产值最高的是连云港市，连云港市该行业的从业人数统计值仅有6100人（见表6.10）。从表6.11可以看出，淮安市的各项效益均占第一，其他地区各项效益的排名差异较大。但是可以看出苏南地区通用设备制造业的效益水平比较低，苏北地区的该行业各项效益水平比较高。

当今，西欧、美国、日本等国的通用设备制造业比较发达，在各子行业中市场占有率较高，例如锅炉及原动机制造行业中的美国FW公司和法国GE-CAlstom公司两大集团；美国是世界上最大的阀门生产国，美国阀门协会有超过110家企业，年产值超过40亿美元，产值约占世界阀门总产值的30%等。通用设备制造产业的国际政策环境也非常利于其发展，例如德国机床协会给德国企业提供一切可能的市场支持，从市场信息、统计资料到各类产品的报告和对关键领域如汽车工业的预测；日本政府对机床工业的发展异常重视，一方面通过规划和制定法规引导产业发展；另一方面提供充足的研发经费鼓励科研机构和企业大力发展数控机床等。目前，美国、日本、德国等工业发达国家纷纷瞄准高端装备制造业，对于高端制造产业给予更大的政策支持和鼓励。

但是中国的通用设备产业发展现状却不容乐观，除个别子行业外，行业集中度都较低，行业内产品差异不大。在这种市场环境下，企业的成本控制是决

表 6.10 江苏省 13 市通用设备制造业的总产值、人均产值及排序

市	总产值（亿元）	按总产值排序	从业人员平均人数（万人）	人均产值（万元/人）	按人均产值排序
苏州	1854.46	1	19.76	93.87	8
南通	844.59	2	7.59	111.31	5
无锡	810.74	3	11.42	70.99	13
盐城	681.65	4	6.56	103.94	6
徐州	620.02	5	4.98	124.44	2
常州	538.37	6	7.05	76.35	11
泰州	515.63	7	4.55	113.23	4
南京	394.16	8	5.22	75.53	12
镇江	380.50	9	3.06	124.17	3
扬州	362.91	10	4.31	84.11	9
淮安	215.72	11	2.11	102.41	7
连云港	86.70	12	0.61	141.34	1
宿迁	76.08	13	0.91	83.74	10

表 6.11 江苏省 13 市通用设备制造业的经济、企业、部门、政府、全社会、就业效益及排序

市	经济效益	按经济效益排序	企业效益	按企业效益排序	部门效益	按部门效益排序	政府效益	按政府效益排序	全社会效益	按全社会效益排序	就业效益	按就业效益排序
南京	0.4414	13	0.4601	13	0.6319	13	0.4584	13	0.5939	13	0.5612	12
无锡	0.4550	12	0.5466	11	0.7667	11	0.4674	12	0.6537	11	0.6041	10
徐州	0.7667	8	0.7667	9	1.0359	8	0.7667	9	1.0120	8	0.5492	13
常州	0.5122	11	0.5172	12	0.6770	12	0.5206	11	0.6128	12	0.6655	9
苏州	0.6112	10	0.7352	10	1.0633	6	0.6222	10	0.7700	10	0.5770	11
南通	0.8436	6	1.1245	3	1.1335	3	0.8436	7	1.0306	5	0.7520	8
连云港	1.0545	2	1.0844	4	1.0844	5	1.0545	4	1.0545	3	1.0426	6
淮安	1.2128	1	1.2128	1	1.2414	1	1.2128	1	1.2128	1	1.2205	1
盐城	0.8596	5	1.0126	8	1.0126	10	1.1361	2	1.0407	4	1.0451	5
扬州	0.7939	7	1.0425	5	1.1322	4	1.0193	6	1.0587	2	1.0580	4
镇江	1.0215	4	1.0215	7	1.0322	9	1.0215	5	1.0253	7	0.7808	7
泰州	1.0217	3	1.0395	6	1.0395	7	1.0978	3	1.0305	6	1.1133	2
宿迁	0.7074	9	1.1628	2	1.1628	2	0.8303	8	0.8505	9	1.1022	3

定竞争力的重要因素,生产管理、技术管理是企业成本控制的关键,只有生产管理和技术管理都到位的企业,才能处于领先地位;同时,产业规模是决定企业市场占有率及定价的重要因素,产品品牌的营销建设也关系到企业在市场竞争格局中的地位。江苏省在这方面也需要政策指导,苏州地区虽然产业规模较大,但是生产效率还不如其他生产规模较小的企业,这和苏州有很多小型通用设备制造公司,拉低了生产效率不无关系。

6.6 纺织业

纺织业在中国是一个劳动密集程度高和对外依存度较大的产业。中国是世界上最大的纺织品服装生产国和出口国,纺织品服装出口的持续稳定增长对保证中国外汇储备、国际收支平衡、人民币汇率稳定、解决社会就业及纺织业可持续发展至关重要。纺织业同时也是一个高污染行业。2007年5月,国务院下发了《第一次全国污染源普查方案》,纺织业被列为重点污染行业。据国家环保总局统计,印染行业污水排放总量居全国制造业排放量的第5位。60%的行业污水排放也来自印染行业,且污染重、处理难度高,废水的回用率低。化纤行业在生产过程中,有些产品大量使用酸和碱,最终产生硫黄、硫酸、硫酸盐等有害物质,对环境造成严重污染;有些则是所用溶剂、介质对环境污染较为严重。化纤生产污染环境的另一种表现是化纤产品本身的不可降解性,特别是合成纤维,其废弃物回收成本高,燃烧后污染空气;废弃后不易降解,造成土壤环境恶化。另外,毛麻丝行业的前处理过程也是行业污水排放的重点。在能源消耗方面,纺织机械、化纤机械电力消耗十分突出。化纤行业总耗能比国外先进水平高10%~30%。

江苏省也是纺织业大省,主要产值集中在苏州、南通、盐城、无锡,这四市产值之和占总产值的67%(见表6.12)。但是从效益角度看(见表6.13),徐州、泰州和常州是效益水平相对较高的地区。在产值高的地区中,盐城和南通的效益水平比较高,位于中上游位置。但是江苏纺织业仍存在很多问题:发展情况是成就与问题并存,劳动者报酬结构系数很高,说明现阶段我国纺织业

表 6.12 江苏省 13 市纺织业的总产值、人均产值及排序

市	总产值（亿元）	按总产值排序	从业人员平均人数（万人）	人均产值（万元/人）	按人均产值排序
苏州	1462.85	1	25.07	58.36	11
南通	1276.11	2	15.70	81.31	3
盐城	808.65	3	10.94	73.94	6
无锡	794.68	4	11.12	71.48	7
常州	554.18	5	5.29	104.70	1
徐州	439.12	6	5.76	76.23	5
泰州	242.12	7	2.48	97.53	2
淮安	218.48	8	2.77	79.01	4
扬州	215.53	9	3.13	68.93	8
宿迁	201.52	10	3.63	55.52	12
镇江	102.61	11	1.57	65.53	10
南京	96.19	12	1.44	66.87	9
连云港	32.90	13	0.70	46.84	13

6 代表性行业分析

表 6.13 江苏省 13 市纺织业的经济、企业、部门、政府、全社会、就业效益及排序

市	经济效益	按经济效益排序	企业效益	按企业效益排序	部门效益	按部门效益排序	政府效益	按政府效益排序	全社会效益	按全社会效益排序	就业效益	按就业效益排序
南京	0.5554	11	0.6002	10	0.7615	11	0.5677	11	0.6731	9	0.5997	12
无锡	0.5705	10	0.5705	12	0.7765	10	0.5705	10	0.6270	12	0.6112	11
徐州	1.1562	2	1.4687	1	1.4687	1	1.4573	1	1.1955	2	1.1937	2
常州	1.0245	3	1.0309	3	1.0309	5	1.0357	3	1.0484	3	1.0151	4
苏州	0.4331	13	0.4331	13	0.6511	13	0.4331	13	0.4407	13	0.5621	13
南通	0.7850	6	0.8325	5	1.0540	4	0.7991	6	1.0137	4	0.7544	9
连云港	0.6644	8	0.6644	8	0.9392	6	0.6644	8	0.6644	10	1.1234	3
淮安	0.8124	5	0.8124	6	0.8419	8	0.8124	5	0.8124	7	0.8609	5
盐城	0.8409	4	0.8409	4	0.8736	7	0.8409	4	0.8492	5	0.8505	6
扬州	0.7663	7	0.7813	7	1.0853	3	0.7794	7	0.8178	6	0.8415	7
镇江	0.6481	9	0.6575	9	0.8024	9	0.6481	9	0.7020	8	0.8118	8
泰州	1.2735	1	1.2772	2	1.2772	2	1.2812	2	1.2742	1	1.2147	1
宿迁	0.5451	12	0.5796	11	0.7234	12	0.5506	12	0.6419	11	0.7353	10

劳动密集型产业的性质没有改变，出口比例很高，而用于最终消费和资产形成的比例非常小，中间投入率很高，产业自身的消耗多，对自身和纺织服装鞋帽、皮革、羽毛及其制品业的直接分配和间接分配程度都很高。所以为了改变这种情况，江苏省必须优化纺织业的投入结构，优化纺织业的产出结构，优化纺织业与关键产业的产业关联。

6.7 汽车制造业

城乡一体化发展和收入分配格局改善，为市场对汽车的长期需求提供了保障；完善地方税收体系，调整消费税征收环节等措施有助于理顺行业税收与治堵、治污成本之间的关系；推动国企改革，主要汽车集团业绩、估值有望实现双升；加快生态文明建设，排放标准升级和新能源汽车推广政策有望加快落实。

2013年，汽车行业政策变化主要有三个方面：①为贯彻落实循环经济，发扬相关法律法规和国家"十二五"规划《纲要》精神，支持再制造产品的推广使用，促进再制造旧件回收，扩大再制造产品市场份额，国家组织开展再制造产品"以旧换再"试点工作，汽车发动机、变速箱成为"以旧换再"首批试点产品。②经国务院批准同意，2013~2015年我国将继续开展新能源汽车推广应用工作，财政部、科技部、工业和信息化部、发展和改革委四部委于2013年9月17日联合下发了《关于继续开展新能源汽车推广应用工作的通知》，明确了财政补贴支持推广应用新能源汽车的具体政策。③汽车尾气排放已成为我国城市中主要大气污染源，为适应汽车保有量高速增长过程中环境保护的需要，2013年9月17日，环境保护部会同国家质检总局发布了《轻型汽车污染物排放限值及测量方法（中国第五阶段）》（GB 18352.5-2013）（国五标准），决定于2018年1月1日起全面实施。

汽车行业也是江苏省重要的生产行业之一。该行业主要分布在南京、盐城、苏州、扬州等地，同时南京和盐城地区的人均产值也非常高，生产效率也在各城市中名列前茅（见表6.14）。这说明南京和盐城的汽车制造业不仅在总量上占优势，在效率上也具有明显优势，可见该地区汽车制造业的发展态势良好，规模效应明显,有发展的潜力。这个行业在未来的发展中值得关注。南京汽车制造商比较多,包括了金龙客车、申沃公交车、跃进卡车、依维柯商用车、上海大众轿车、福特轿车、马自达轿车、名爵轿车、荣威轿车、长安面包车、晨光专用车及南京特种车等。而盐城的汽车制造商数量较少,但是规模较大,例如东风悦达起亚、江淮动力等。盐城已经成为省内重要的汽车制造基地,其汽车制造在国内也取得了一定的影响力。跨国公司基本垄断了汽车产业的核心技术,主导着汽车产业的发展方向。国内汽车产业区域间竞争日趋激烈,江苏省周边的有汽车制造业的城市纷纷加大对汽车产业的扶持力度。盐城市的效率提高,但是距离南京这样的老牌汽车产业基地还有不小的差距,因为仍有不少制约盐城市竞争力提高的因素:整车企业产销不旺,规模效益难显;配套产业链条短,零部件企业本地化进程慢;服务业发展落后,汽车文化不浓;自主研发能力薄弱。所以要提高盐城汽车产业的竞争力还需要:推动行业整合重组与优化,扶持龙头企业做大做强;发展汽车零部件与汽车服务业,完善汽车产业链;加快技术消化吸收步伐,提高自主研发能力;改善汽车消费环境,培育个人汽车消费市场。

表 6.14 江苏省 13 市汽车制造业的总产值、人均产值及排序

市	总产值(亿元)	按总产值排序	从业人员平均人数(万人)	人均产值(万元/人)	按人均产值排序
南京	1599.17	1	5.23	306.06	2
盐城	917.16	2	2.40	381.45	1
苏州	896.93	3	8.95	100.24	8
扬州	711.13	4	5.69	125.00	4
无锡	514.85	5	5.65	91.21	9
镇江	310.08	6	2.88	107.49	7
常州	179.75	7	2.22	80.84	10
泰州	142.22	8	1.16	122.86	5
南通	122.71	9	1.52	80.56	11
淮安	106.61	10	0.90	118.16	6
徐州	62.52	11	0.78	80.38	12
连云港	33.39	12	0.20	165.47	3
宿迁	15.75	13	0.33	47.47	13

表 6.15　江苏省 13 市汽车制造业的经济、企业、部门、政府、全社会、就业效益及排序

市	经济效益	按经济效益排序	企业效益	按企业效益排序	部门效益	按部门效益排序	政府效益	按政府效益排序	全社会效益	按全社会效益排序	就业效益	按就业效益排序
南京	0.9389	4	1.1059	3	1.1329	4	0.9389	4	0.9389	4	0.8899	7
无锡	0.3753	13	0.3753	13	0.8215	9	0.3753	13	0.3753	13	0.5618	13
徐州	0.6233	8	0.6233	8	0.7760	11	0.6489	7	0.6795	6	1.0437	6
常州	0.4835	10	0.4835	10	0.8515	8	0.4835	10	0.4835	10	0.7335	11
苏州	0.4280	11	0.4280	11	1.0332	6	0.4280	11	0.4280	11	0.5766	12
南通	1.0344	3	1.0344	4	1.3841	1	1.0344	3	1.0376	3	1.2795	2
连云港	1.3486	1	1.3486	1	1.3486	2	1.3486	2	1.3486	2	1.4787	1
淮安	0.6587	6	0.6587	6	0.7765	10	0.6587	6	0.6587	7	0.8105	8
盐城	1.2022	2	1.2022	2	1.2022	3	2.8239	1	1.3841	1	1.2353	3
扬州	0.7252	5	0.7252	5	1.0636	5	0.7252	5	0.7252	5	0.7427	10
镇江	0.5176	9	0.5176	9	0.7440	12	0.5176	9	0.5176	9	0.7921	9
泰州	0.6484	7	0.6484	7	1.0098	7	0.6484	8	0.6484	8	1.1650	4
宿迁	0.4027	12	0.4027	12	0.6041	13	0.4027	12	0.4027	12	1.1008	5

6.8 金属制品业

近几年来，金属制品业在产量、质量、品种上均发展较快，我国已成为世界金属制品生产大国。目前，我国金属制品很多都是钢铁产品的加工延伸，而线材制品（钢丝及其制品）是金属制品的重要组成部分。江苏省在中国金属制品市场上也占有一席之地。虽然江苏是金属制品生产大市，但还不是金属制品强市。从表 6.16 可以看出江苏省金属制品业生产分布相对较均匀，前 4 名的城市生产产值在 690 亿～830 亿元。没有特别突出的城市。但是看人均产值，连云港以 263 万元/人的人均产值位居第 1，是位居第 13 名的苏州（63 万元/人）的 4 倍多。连云港的各项效益均位列第 1，其中经济、企业、政府、社会效益几乎是苏州的 5 倍，而部门效益和就业效益仅为苏州的两倍多。这说明苏州市的人力资本较高，吸纳的劳动就业人数也相对较多。江苏省金属制品业的技术水平还不太高，但是金属制品业有一个相对良好的发展环境。首先，全国已经把"创新"提到了前所未有的地位和高度，工业的发展已经进入创新阶段，企业已经具备研发的基础和条件。其次，"十二五"期间给金属制品发展提供巨大的市场潜力。"十二五"时期是我国经济社会发展的重要战略机遇期，也是我国经济发展阶段从工业化中期向后期过渡的关键时期。不过，由于外部环境、体制改革、工业化、信息化及城镇化等因素的影响，经济发展将表现出诸多与"十一五"时期不同的新特征、新趋势，这就为金属制品开拓了更为广阔的市场。不锈钢金属制品是金属制品产业的重要部分，尤其是人们日常生活中的日用不锈钢制品越来越多。最后，我国的经济发展将着眼于民生，改善人民生活。今后关注"民生思想"将是指导金属制品行业发展的一个重要理念，例如加速保障性住房建设、电梯电缆增产等。

表 6.16 江苏省 13 市金属制品业的总产值、人均产值及排序

市	总产值（亿元）	按总产值排序	从业人员平均人数（万人）	人均产值（万元/人）	按人均产值排序
无锡	824.90	1	8.14	101.2792	9
苏州	819.21	2	13.01	62.95749	13
泰州	762.63	3	4.10	186.1928	2
南通	696.71	4	5.88	118.5508	4
常州	510.19	5	4.75	107.5206	6
南京	385.39	6	3.36	114.8211	5
镇江	331.03	7	3.70	89.53252	11
徐州	309.73	8	2.49	124.4202	3
扬州	305.74	9	3.43	89.2683	12
盐城	136.70	10	1.44	94.89541	10
连云港	136.05	11	0.52	262.9466	1
淮安	127.71	12	1.21	105.3195	7
宿迁	79.66	13	0.77	103.1426	8

6 代表性行业分析

表6.17 江苏省13市金属制品业的经济、企业、部门、政府、全社会、就业效益及排序

市	经济效益	按经济效益排序	企业效益	按企业效益排序	部门效益	按部门效益排序	政府效益	按政府效益排序	全社会效益	按全社会效益排序	就业效益	按就业效益排序
南京	0.5031	8	0.7359	3	0.9019	6	0.5031	8	0.7290	6	0.7208	12
无锡	0.3825	12	0.3825	12	0.6532	11	0.3825	12	0.5124	12	0.5861	13
徐州	0.6705	2	1.0172	2	1.0691	3	1.0459	2	1.0647	2	1.0002	5
常州	0.4942	9	0.4942	9	0.7185	8	0.4942	9	0.5446	9	0.7541	9
苏州	0.3052	13	0.3052	13	0.6714	10	0.3052	13	0.3740	13	0.7577	8
南通	0.5573	6	0.5883	8	1.0585	4	0.5573	6	0.7374	4	0.7261	11
连云港	1.5355	1	1.5718	1	1.5718	1	1.5402	1	1.5355	1	1.4478	1
淮安	0.6409	5	0.6409	6	0.9323	5	0.6409	5	0.7101	7	1.1485	3
盐城	0.4156	11	0.4156	11	0.5667	13	0.4446	10	0.5365	10	0.7427	10
扬州	0.6423	4	0.6423	5	1.3425	2	0.6423	4	1.0331	3	1.2461	2
镇江	0.4410	10	0.4410	10	0.6470	12	0.4410	11	0.5296	11	0.8175	7
泰州	0.6545	3	0.6545	4	0.6885	9	0.6545	3	0.7366	5	1.0232	4
宿迁	0.5177	7	0.6269	7	0.7916	7	0.5177	7	0.6391	8	0.8281	6

6.9 专用设备制造业

专用设备制造业是为国民经济各部门以及国防和基础设施建设提供装备的先进制造产业。受投资快速增长、国家对自主创新产业大力支持以及产业技术升级趋势加快的影响，我国专用设备制造业目前呈现良好的增长趋势，行业整体增长速度较快。专用设备制造业是典型的下游行业需求拉动型行业，其发展与国家宏观政策、固定资产投资、下游行业发展状况息息相关。近年来，我国固定资产投资规模日益增长，专用设备需求量不断增长，专用设备制造业盈利能力显著增强。相比其他类型的制造业，专用设备制造业具有以下特点：①准入门槛高，规模效益强；②技术含量高，人才需求强；③关联效益大，带动作用强；④政府作为大，路径依赖强等。专用设备和通用设备的排名有所不同（见表6.18），总产值排在前列的是苏州、无锡、常州。其中苏州的产值是第2名无锡的1.5倍多。专用设备制造业主要有模具制造，炼油、化工生产专用设备制造，建筑工程用机械制造，冶金专用设备制造，社会公共安全设备及器材制造，食品、酒、饮料及茶生产专用设备制造，木材加工机械制造，印刷专用设备制造，水资源专用机械制造，石油钻采专用设备制造，医疗、外科及兽医用器械制造，日用化工专用设备制造等。该行业设备主要用于矿山、冶金、建筑、化工、木材、食品、饮料等行业。苏州市的电气机械和器材制造业、化学原料和化学制品制造业、黑色金属冶炼和延压加工业的产值均位列第1，而专用设备制造业作为这类行业的上游行业，它的生产总值也会被需求拉动提升。从效益角度看（见表6.19），泰州、扬州地区各项效率排名第1、第2，且它们是江苏仅有的两个经济效益值超过1的城市，而苏州只有部门效益排名第3，其他效益值排名均在下游。

专用设备制造业发展速度快，但是仍存在一些问题。江苏省要进一步发展专用设备制造业，就必须着眼全国行业布局，确定江苏省专用设备制造业的分工；合理发展园区经济，加强江苏省专用设备制造业产业集聚；推进自主创新，推进江苏省专用设备制造业产业结构升级；为中小型企业发展提供环境，

表 6.18 江苏省 13 市专用设备制造业的总产值、人均产值及排序

市	总产值（亿元）	按总产值排序	从业人员平均人数（万人）	人均产值（万元/人）	按人均产值排序
苏州	1001.21	1	17.14	58.43	12
无锡	653.29	2	8.19	79.79	11
常州	589.57	3	6.26	94.22	9
南通	515.35	4	4.52	113.99	4
扬州	475.80	5	4.41	107.88	6
泰州	450.11	6	2.32	193.99	1
盐城	341.05	7	3.30	103.30	7
徐州	302.07	8	2.41	125.09	2
南京	270.30	9	3.27	82.77	10
镇江	207.30	10	1.92	108.17	5
淮安	124.12	11	1.23	100.89	8
连云港	118.59	12	1.00	118.74	3
宿迁	21.04	13	0.40	52.27	13

表 6.19 江苏省 13 市专用设备制造业的经济、企业、部门、政府、全社会、就业效益及排序

市	经济效益	按经济效益排序	企业效益	按企业效益排序	部门效益	按部门效益排序	政府效益	按政府效益排序	全社会效益	按全社会效益排序	就业效益	按就业效益排序
南京	0.4458	9	0.4607	9	0.7372	7	0.4458	9	0.5468	9	0.6665	9
无锡	0.3542	12	0.3591	12	0.6606	10	0.3542	12	0.5028	11	0.5597	12
徐州	0.6213	5	1.0370	3	1.0370	4	0.7133	3	0.7954	3	0.8049	7
常州	0.4108	10	0.4108	10	0.6237	11	0.4108	10	0.5341	10	0.5613	11
苏州	0.3075	13	0.3075	13	1.0414	3	0.3075	13	0.4456	12	0.6168	10
南通	0.4700	8	0.4700	8	1.0243	5	0.4700	8	0.5504	8	0.5440	13
连云港	0.5626	6	0.7283	4	0.7522	6	0.5940	6	0.6895	6	1.0054	5
淮安	0.6727	3	0.6727	5	0.7239	8	0.6727	4	0.7135	4	0.9350	6
盐城	0.6573	4	0.6573	6	0.6945	9	0.6706	5	0.7044	5	1.0667	4
扬州	1.1109	2	1.1109	2	1.5636	1	1.2855	1	1.2947	1	1.3531	2
镇江	0.5427	7	0.5427	7	0.6200	12	0.5427	7	0.6245	7	0.7213	8
泰州	1.2638	1	1.2701	1	1.2701	2	1.2638	2	1.2638	2	1.4736	1
宿迁	0.3899	11	0.3899	11	0.6143	13	0.3899	11	0.4290	13	1.1199	3

形成以大型企业为主的大中小型企业多层次发展；拓宽融资渠道，形成有效的专用设备制造业资金运营。

6.10 电力、热力生产和供应业

电力是现代经济发展的动力，它为国民经济各个行业发展提供能源供给与动力支持，工业生产和人们日常生活均离不开电力，电力行业是我国国民经济中关乎国计民生的重要支柱产业。电力行业与宏观经济保持着较高的相关性，电力生产增长率和电力消费增长率跟随 GDP 增长率的变化而变化。电力行业作为我国国民经济的基础性支柱行业，与国民经济发展息息相关，在我国经济持续稳定发展的前提下，工业化进程的推进必然产生日益增长的电力需求，我国中长期电力需求形势依然乐观，电力行业将持续保持较高的景气程度水平。我国大部分发电装机容量由以采用煤作为原材料的火电发电机组组成，其余为利用水能、风能、太阳能和核能作为能源来源的发电项目。

热力供应属于供热地区冬季生活必需品，需求较强，行业的发展受环保政策、能源战略和城市规划等因素的影响，生产具有季节性，气候变化影响供需关系。热力生产和供应行业与人们的日常生活息息相关，而且和很多行业也保持了紧密的联系，比如电力、建筑、煤炭等行业，各个涉及的行业在"十二五"期间的规划与热力生产供应行业有一定的关系。我国热力生产和供应行业近几年市场化程度不断加深，供暖方式也在渐渐发生变化，行业处于转型期。从供暖方式来看，可选择方式越来越多，传统的锅炉房暖气供热必将逐步受到燃油锅炉供热、燃煤锅炉供热、地暖供热、燃气壁挂炉供热、空调供热、电暖气供热、地源热泵供热、太阳能供热、海水供热、电热膜供热等的挑战甚至威胁。

而江苏省作为经济大省，能源消耗量也很巨大。从表 6.20 可见电力、热力生产和供应业的大市是苏州 384.99 亿元排名第 1，徐州 311.28 亿元排名第 2。江苏地处中国东南部，气候相对温暖，所以除了江苏省北部的徐州地区有集中供暖以外，其他地区均没有集中供暖。因此，徐州地区的高总产值有一部分是因为集中供暖导致，而苏州等地的高产值主要是城市、工业、社会发展需求带来的电能消耗。从效益情况看（见表6.21），除了盐城、连云港、宿迁，其他城市的效率值都比较高，均在0.7以上。效益最高的扬州、镇江等地和第3、第4名之间的差异仅为0.1左右，差异不大。说明江苏省内电力、热力生产和供应业生产水平相对一致。

表6.20 江苏省13市电力、热力生产和供应业的总产值、人均产值及排序

市	总产值（亿元）	按总产值排序	从业人员平均人数（万人）	人均产值（万元/人）	按人均产值排序
苏州	384.99	1	1.05	366.90	3
徐州	311.28	2	1.15	271.22	8
南京	191.20	3	0.50	378.75	2
无锡	176.88	4	0.60	294.60	7
南通	146.44	5	0.47	311.57	5
镇江	134.45	6	0.45	299.71	6
盐城	113.61	7	0.58	197.07	12
连云港	102.18	8	0.47	217.87	11
扬州	90.85	9	0.23	401.12	1
常州	80.16	10	0.33	242.38	9
淮安	66.36	11	0.28	237.16	10
泰州	53.87	12	0.16	342.68	4
宿迁	17.46	13	0.13	138.76	13

6 代表性行业分析

表 6.21 江苏省 13 市电力、热力生产和供应业的经济、企业、部门、政府、全社会、就业效益及排序

地区	经济效益	按经济效益排序	企业效益	按企业效益排序	部门效益	按部门效益排序	政府效益	按政府效益排序	全社会效益	按全社会效益排序	就业效益	按就业效益排序
南京	0.9192	6	0.9192	6	1.1196	3	0.9192	6	0.9192	7	0.7548	9
无锡	0.7446	9	0.7446	9	1.0468	7	0.7446	9	0.7454	10	0.7384	10
徐州	1.0253	4	1.0253	4	1.0253	9	1.0253	4	1.0253	4	1.1069	3
常州	1.0045	5	1.0045	5	1.0806	4	1.0059	5	1.0045	6	1.0301	4
苏州	0.8145	7	0.8145	7	0.9120	10	0.8145	7	0.8145	8	0.7108	11
南通	0.7858	8	0.7858	8	0.9007	11	0.7858	8	0.7858	9	0.7021	12
连云港	0.4938	13	0.6965	11	0.8605	12	0.6408	12	1.0060	5	0.5145	13
淮安	0.7312	10	0.7312	10	1.0284	8	0.7312	10	0.7312	11	0.7584	8
盐城	0.5778	12	0.5778	13	0.6505	13	0.5778	13	0.5778	13	0.7610	7
扬州	1.1006	1	1.1207	1	1.1207	2	1.1113	1	1.1156	1	0.9820	6
镇江	1.0295	3	1.1202	2	1.1246	1	1.0295	3	1.0828	2	1.0278	5
泰州	1.0515	2	1.0515	3	1.0515	6	1.1072	2	1.0515	3	1.1076	2
宿迁	0.6577	11	0.6577	12	1.0551	5	0.6577	11	0.6577	12	1.3538	1

6.11 本章小结

本章主要分析了江苏省总产值排前 10 名的行业的总产值、人均产值及各市的效率情况。结果发现，除了汽车制造业是盐城市在总量和效率上都占有优势以外，其他各行业，苏州市在总值上都名列前茅，但是效率值基本都在中下游位置。而多数效率较高的地区，总产值排名均在中下游水平；总产值最高的几个城市的效率值排名都在中下游。这些行业的建设和发展为全省经济社会发展提供了重要支撑和保障，产生了巨大的经济和社会效益。对内而言，这些产业发展，不仅提高了地区的经济水平，完善了区域的产业结构，还有效地改善了人民生活和就业；对外而言，这些行业的发展可以拉动周边地区的经济增长，调节周边地区的产业布局，促进对外贸易流动，优化发展环境。

这些行业中有基础性行业（电力、热力生产和供应业），这类行业的发展为其他行业的发展提供了能源支持。电力、热力生产和供应业是支撑经济发展、推动社会进步、保障国家安全、服务可持续发展的重要基础行业，是适应社会经济发展需要确定的能源供应的发展重点，是综合工业园区的重要组成部分，是地区发展必须要重视的行业。未来，随着江苏省经济社会的快速发展，汽车化、新型工业化、城镇化的快速发展，对电力、热力的质量和效率提出更高的要求，江苏省必须把该行业的发展放在重要位置。而经济的增长和能源的紧张也给电力、热力生产和供应业的建设和发展提出了新的、更高的要求，新能源的开发利用也为电力、热力生产和供应业发展提供了巨大的机遇和挑战。

江苏省处于东部经济发达地区，区位优势明显，经济基础雄厚，公共设施健全。要大力开拓国际市场，稳定出口，着力发展先进制造业、现代服务业和高新技术产业，加快产业升级和体制创新，培育新的经济增长点，形成参与国际合作竞争新优势，增强更高水平上的可持续发展能力。因此，东部地区更加需要重视高新产业的发展，虽然在总产值前 10 名的行业中只有计算机、通信和其他电子设备制造业基本属于高技术产业，但它是江苏省总产值最高的行业，也已经成为江苏经济的领先产业。江苏省要发挥此类行业的优势，提高技术效率，推动技术进步。并且大力发展其他高技术产业，推动产业转型。各产业的发展需要协调共进，不能脱离周边环境和经济基础进行讨论，也不能脱离区域发展战略来考虑。

江苏省也是老牌工业基地，有众多老牌工业产值在前 10 名中，如纺织业、黑色金属冶炼和压延加工业、化学原料和化学制品制造业。对于这些老牌高污染工业，江苏省必须降低污染，从经济支持、技术支持、政策支持角度来优化产业结构，使老牌产业进一步发展。经济支持需要做到：关注行业产能过剩倾向，控制行业信贷经营风险；调节国家税费政策，出台具有全局指导意义的长远政策，变革该行业的生产模式，促进行业生产清洁化、高效化。技术支持需要做到：加大在这些行业上的科技创新支持，实施一系列关键生产技术的重大科技项目，逐渐增强科技协同创新平台对行业发展的影响力；加快行业生产设备技术升级，提高生产要素利用率。政策支持需要做到：立足产业规划格局，综合考虑资源、市场、技术、交通等多种因素，制定区域产业发展规划，严格这些行业的审批，促进行业有序发展；对于企业生产规模小、技术水平低、核心竞争力不强的"两高一资"企业更要采取紧缩信贷政策，限制其发展；对于亏损严重，无力偿还债务的小企业，应在多方积极督促之下，限制其贷款投资。

7 典型县市对比分析

每个城市都具有其特色,在这里选取苏州作为高新技术产业集聚的城市代表、盐城作为发展较为落后的工业城市代表、南京作为老牌工业集聚且为行政中心的城市代表做典型县市代表,进行县市对比。

7.1 南京、苏州、盐城三市的概况和特点

7.1.1 南京

南京,位于北纬 $31°14′\sim32°37′$,东经 $118°22′\sim119°14′$,是江苏省会,地处中国东部地区,长江下游,濒江近海。全市总面积 6597 平方千米,2013 年建成区面积 752.83 平方千米,常住人口 818.78 万人,其中城镇人口 659.1 万人。自古有"天下财富出于东南,而金陵为其会"之说,南京有着 6000 多年文明史、近 2600 年建城史和近 500 年的建都史,是中国四大古都之一,有"六朝古都"、"十朝都会"之称,是中华文明的重要发祥地,历史上长期是中国南方的政治文化中心,有厚重的文化底蕴和丰富的历史遗存。南京是中国国家区域中心城市(华东),华东地区第二大城市,江苏省第一大城市,国家历史文化名城,国家综合交通枢纽,副省级城市,江苏省省会,南京都市圈核心城市,国家创新基地和科技创新中心,长江国际航运物流中心,滨江生态宜居

城市，长三角辐射带动中西部地区发展的重要门户城市。南京是国家四大科研教育中心之一，在全国仅次于北京、上海的第三大科教中心城市，国家重要综合性工业生产基地，现代服务中心、现代服务业基地和先进制造业基地，电子化工生产能力、车辆制造业规模均位居全国前三。南京是国家重要的交通、通讯、港口枢纽，在2011年，南京的港口城市空间价值居大陆第4，被国家九个部委列为中国投资硬环境"四十优"城市，中国城市综合实力"五十强"第5名，中国国际形象最佳城市第3位，最具吸引力中国十大城市第7位。南京地处长江下游，濒江近海，南京港已成为远东内河第一大港，是中国服务外包基地和国家软件出口创新基地、国家信息化与工业化融合试验区、国家科技体制综合改革试点城市。

南京下辖11个区，具体片区情况见附表7.1。1981年南京被国家列为全国15个经济中心城市之一；2004年经济中心定位指数排名南京列中国大陆第6，仅次于北、上、广、深、津；2008年总部经济发展能力列中国第5，排在北、上、广、深之后。2014年实现地区生产总值8820.75亿元，列全国第11位，增长10.1%；公共财政预算收入900亿元；社会消费品零售总额4000亿元；城市居民人均可支配收入42567.8元，增长8.8%；农民人均纯收入17660.9元，增长10.3%；服务外包执行额114.5亿美元，在中国城市中排名第1，同比增长32.3%。2014年南京产业结构为：第一产业占据2.6%，第二产业占据41.6%，第三产业占据55.8%，第三产业比重位列国内第5，前四分别为北、上、广、深。2014年中国区域中心城市竞争力评估，南京仅次于深圳、广州。

南京是中国近代工业的摇篮，1865年金陵制造局的诞生标志着南京近代工业的开端。英商和记洋行、津浦铁路南段机厂（南京浦镇车辆厂的前身）、永利化学工业公司亚厂（南京化学工业公司前身）、中国水泥股份有限公司等一批知名企业的成立，形成了南京近代工业的雏形。1949年后，南京新发展了石油化工、汽车制造、钢铁冶金、机械装备等支柱产业，在计划经济时代是工业总产值位居全国前十的综合性工业城市，相继诞生了中国第一座磷肥厂、第一只国产电子管、第一台全国产收音机、第一座无线数字卫星通信站、第一部雷达、第一部全自动洗衣机等。南京是国家重要的综合性工业生产基地、现代服务中心和先进制造业基地。南京本地的知名企业有熊猫电子、扬子石化、金陵石化、跃进汽车、江南光电、苏宁环球、雨润、太平洋建设、苏宁电器、五星电器、宏图三胞等，传统四大支柱产业是电子、石化、汽车、钢铁。2013年南京规模以上工业企业实现工业总产值12647.14亿元，比上年增长11.8%。

7.1.2 苏州

苏州，位于江苏省东南部，长江三角洲中部，中国华东地区特大城市之一，东临上海，南接浙江，西抱太湖，北依长江。苏州东距上海市区81千米。是江苏省的东南门户，上海的咽喉，苏中和苏北通往浙江的必经之地。苏州辖姑苏区、相城区、虎丘区、吴中区和吴江区，代管张家港市、常熟市、太仓市和昆山市，全市面积8488.42平方千米。苏州属亚热带季风海洋性气候，四季分明，雨量充沛。苏州地势低平，平原占总面积的55%。种植水稻、小麦、油菜，出产棉花、蚕桑、林果，特产有碧螺春茶叶、长江刀鱼、太湖银鱼、阳澄湖大闸蟹等。苏州是中国首批24座国家历史文化名城之一，是吴文化的发祥地。苏州城始建于公元前514年，有2500多年的历史。苏州园林是中国私家园林的代表，被联合国教科文组织列为世界文化遗产。

截至2015年1月，苏州市辖5个市辖区：姑苏区（苏州国家历史文化名城保护区）、虎丘区、吴中区、相城区、吴江区；4个县级市：常熟市、张家港市、昆山市、太仓市。全市共设40个街道和55个镇，其中苏州市区设37个街道和22个镇（见附表7.2）。苏州经济蓬勃发展，2012年经济总量（GDP）为12011.65亿元（其中包含苏州工业园区1738亿元）。按2010年常住人口计算的人均GDP则达到了10.24万元，已经成为全国人均产出最高的城市之一。2013年，苏州市实现地区生产总值13015.7亿元，比上年增长9.6%。其中，第一产业总产值214.5亿元，增长3.0%；第二产业总产值6849.6亿元，增长7.5%；第三产业总产值5951.6亿元，增长12.7%。人均地区生产总值（按常住人口计算）12.32万元，按年平均汇率计算近2万美元。全年实现地方公共财政预算收入1331亿元。2014年完成地区生产总值1.35万亿元，增长8%；地方公共财政收入1443.8亿元，增长8.5%；全社会固定资产投资 6230.7 亿元，增长 3.8%。苏州市的工业非常发达，其经济开发区数量繁多（见附表 7.3）。

7.1.3 盐城

盐城市地处中国东部沿海中部，江苏省中部，位于长江三角洲北翼。盐城市是江苏省面积最大的地级市，市域面积 1.7 万平方千米，常住人口 721.06 万人；其中市辖区面积 1779 平方千米，常住人口 166 万人。盐城地处北纬 32°34′~34°28′，东经 119°27′~120°54′，东临黄海，南与南通接壤，西南与扬州、泰州为邻，西北与淮安相连，北隔灌河和连云港市相望。全市地势平坦，河渠纵横，物产富饶，素有"鱼米之乡"的美称。盐城是江苏沿海地区新兴的工商业城市，也是长江三角洲重要的区域性中心城市。盐城拥有江苏省最长的海岸线、最大的沿海滩涂、最广的海域面积，同时也是丹顶鹤的家园、麋鹿的故乡，在沿海滩涂上建有麋鹿和丹顶鹤两个国家级自然保护区，被誉为"东方湿地之都，仙鹤神鹿世界"。盐城大多数人口是历朝江南移民后裔，因而民俗文化属于传统的江南文化范畴。盐城也是淮剧的主要发源地。2015 年 3 月，入选国家卫生城市。盐城市下辖 2 区 5 县 2 市（见附表 7.4）。

2014 年，盐城全市实现地区生产总值 3835.6 亿元，按可比价计算，比上年增长 10.9%；其中第一产业实现增加值 516.9 亿元，比上年增长 3.5%；第二产业实现增加值 1784.5 亿元，比上年增长 11.8%；第三产业实现增加值 1534.2 亿元，比上年增长 12.1%。产业结构持续优化。三次产业增加值比例调整为 13.5∶46.5∶40，二、三产业比重提高了 0.5 个百分点，人均地区生产总值达 53115 元（按 2014 年年平均汇率折算约 8692 美元），比上年增长 10.9%。物价水平温和上涨。2014 年，市区居民消费价格总指数（CPI）同比上涨 2.3%。八大类商品价格"六升两降"：食品类上涨 2.8%，衣着类上涨 3.4%，家庭设备及维修服务类上涨 2.0%，医疗保健和个人用品类上涨 1.3%，娱乐教育文化用品及服务类上涨 3.7%，居住类上涨 2.8%；烟酒类下降 3.4%，交通和通信类下降 0.2%。全市工业生产者出厂价格指数（PPI）与上年同期持平，工业生产者购进价格指数（IPI）同比下降 0.9%。

2014年，盐城市规模以上工业企业完成总产值7416.8亿元，比上年增长16.4%，实现增加值1799.9亿元，比上年增长12.7%。其中轻、重工业分别增长9.9%和14.1%。国有工业下降1.6%；集体工业增长2.4%；股份合作制工业增长7.1%；股份制工业增长12.4%；外商港澳台投资工业增长14.3%；其他经济工业增长9.2%。全市规模以上工业企业实现利税总额816.4亿元，比上年增长17.5%，其中利润469.7亿元，比上年增长17.3%。全年工业用电量209亿千瓦时，比上年增长2.4%。传统产业发展良好。2014年，全市工业企业实现开票销售4010亿元，比上年增长17.2%，其中汽车、机械、纺织、化工四大传统支柱产业实现工业开票销售3012亿元，增长15.8%，对工业增长贡献率达70%，其中汽车产业实现开票1122亿元，增长16.8%。东风悦达起亚汽车公司销售汽车64.6万辆，销售收入680亿元，乘用车市场占有率达3.9%。

7.2 南京、苏州、盐城县市工业绩效对比分析

南京、苏州、盐城在经济上各有其特色和典型性，本节对这三个市的区县进行分析，这三个市的区县划分和对应的区县代码见附表7.5，在下文中为了列表简洁，使用区县代码来表示区县。

7.2.1 33区县对比

为了对比这三市的区县工业投入产出效益，首先对这三市的33个区县进行经济效益、企业效益、部门效益、政府效益、全社会效益、就业效益这六大效益计算并排序，结果见附表7.6。为了直观地看出各市的区县排名，我们对同市的区县排名进行了求平均值、方差、差值等（见附表7.7）。可以发现盐城市的各项效益排名整体靠前，包揽了前两名，且除了部门效益，其他排名均在26名以前，也就是在33个区县中，排前80%。苏州市排名整体靠后，最高的是部门效益，排名第12，其他的最高排名均在第14、第16，基本位于33个

区县的后58%。南京市的排名波动比较大，最好的排名是第3，最差的是第33名，其间几乎横跨了整个区县排名表。看三个市的排名均值，可以发现盐城市除了部门效益外，都是在第10名左右，排名相当高，即使是部门效益均值也有13.73。这说明盐城市的部门绩效稍低，从业人员的工资水平较低，但是其他效益都比较高。而南京市的排名均值在第16~第20，属于中游位置，但看整体的效益排名中，部门效益的水平高于其他效益，且均值15.75也是六大效益中最高的，说明南京的从业人员工资水平比较高。苏州市的排名均值在第22~第25，在全部区县的下游，六大效益对比起来，苏州的部门效益最高，其次是就业效益，苏州市有较高的从业人员工资且实现了较高的社会就业。下面对南京、苏州、盐城三市进行具体分析。

7.2.2 南京、苏州、盐城分市的区县经济

使用第三次经济普查的数据，对南京、苏州、盐城的各区县进行分别求效益（见附表7.8~附表7.10），可以发现，320101、320583、320960分别在三个市中表现最优，但是它们的效益值差异极大。查看各区县的从业人数和产值可以发现，苏州市的各区县从业人数远高于南京和盐城，而产值虽然高于其他地区，倍数却小于从业人数。找出的各市中效益最高的三个区县，分别是320101、320583、320960，观察发现，320101（南京市市辖区）的从业人数在南京各区县中排名第5，居中位置，而产值却高于南京的其他所有区县，观察其行业分布，该地区有石油加工、炼焦和核燃料加工业，化学原料和化学制品制造业，黑色金属冶炼和压延加工业，汽车制造业，烟草制品业，计算机、通信和其他电子设备制造业，铁路、船舶、航空航天和其他运输设备制造业，电力、热力生产和供应业，医药制造业九个行业，其中前三个行业的产值总额有2280亿元，占该地区产值的78%，尤其是石油加工、炼焦和核燃料加工业占了35%，说明传统工业在该地区占了主导地位，石油加工、炼焦和核燃料加工业这种带有垄断性的行业在地区经济中具有极强的支撑作用。320583（苏州市、昆山市）吸纳了80.8万人从业，是整个苏州市中吸纳从业人数最多的区县，而且它的产值也远高于苏州其他区县，苏州市、昆山市拥有的行业比较

多，有32个，其中计算机、通信和其他电子设备制造业是当之无愧的苏州的主流行业，产值4976亿元，占地区总产值的61%，其他产业如通用设备制造业、汽车制造业、化学原料和化学制品制造业、专用设备制造业等，产值均在30亿~50亿元，比计算机行业少一个数量级。说明苏州市、昆山市的主流行业是高技术产业中的计算机、通信和其他电子设备制造业，但是在前文已经发现了此类行业的行业效益并不如想象的高并分析了部分原因，所以昆山市的效益水平在全部33个区县中排名并不高。而苏州市、昆山市在就业效益和员工薪酬方面表现优异，是吸引技术人才不断向其汇聚的原因，也是城市技术进步的推动力。320960（盐城）的从业人数仅有3.11万人，在盐城各区县中从业人数排名较低，但是产值水平在盐城各县市中排名最高。该地区的汽车制造业产值838.58亿元，占该区的总产值的89.5%，可以说该地区的产值几乎全部是由汽车制造业创造的，而汽车制造业正是盐城最为突出的行业，也是盐城重点发展行业，汽车制造业的各项效益在全省所有排名中也表现良好。这说明区县的效益和区县的主流行业的效益有着明显关联关系，在发展地区经济时，必须重视主要行业的发展，提高主要行业的技术效率，才能全面推动地区经济发展。

观察近年来南京、苏州、盐城的工业总产值、利润、销售收入等，发现近年来，江苏区县经济整体上呈现出平稳快速增长、整体发展水平较高、产业结构渐趋优化的良好态势，但是空间发展显著不平衡。区县经济组成了全市经济，乃至全省经济，区县经济中重要的组成部分是县域经济，县域经济是制约城市经济发展潜力和全省经济整体实力的"短板"。县域经济是以县级行政区划为边界的区域经济，区县经济是包括区行政级别经济和县域经济的全部城市经济组成部分。区县经济的发展速度决定着国民经济的发展速度，区县经济的发展潜力也决定着国民经济的发展潜力。这些区县近年来得到了较大发展，呈现出以下基本特征：①整体保持增长。近年来，江苏区县经济多项指标均保持平稳快速增长。以2008年作为一个分水岭，江苏区县经济在全球金融危机冲击后连续多年保持高速增长。2013年，在中国经济整体增速放缓、从高速增长进入中高速增长的新常态下，江苏区县地区生产总值也保持稳定增长。②产业结构逐渐优化调整。第二产业、第三产业涨势明显，随着工业化的推进，农业比重持续下降，工业和服务业比重相应提高，即使是苏北地区，工业总产值人均产值也已经达到理论上判断的工业中高期阶段，江苏省是工业化程度非常高的省份，且工业化的触角已经遍布江苏各区县。③空间发展显著不均衡。从总产值和行业产值收入利润上看，江苏各区县的差异非常大，苏州产值最高的区县是盐城最高区县的9倍之多；从平均值上看，苏州的区县均值是3027亿元，而盐城只有579亿元。放眼到苏南、苏中、苏北地区，这种差异会更加明显，主要经济指标的组合表现出明显的"错位"。这种情况主要是区位与自然资源条件、劳动力素质、资本存量、体制约束等。随着全国范围内招商引资优惠政策日渐趋同和地方政府服务意识与服务水平的提高，区域的区位条件和自然资源状况对经济发展的影响更加凸显。苏州距离上海非常近，具有明显的区位优势，而盐城地区的高铁动车建设都尚未完成，交通不便，会影响发展速度和产业转移以及人才输入。人力资本是经济财富增长的基础，也是落后国家（地区）经济腾飞的引擎。区县较低的工资水平缺乏吸引力，不仅难以引进人才，也难以留住人才。盐城地区每年向外输出大量学生，但是受本地职业发展空间小、工资水平低的影响，很多在外读书的大学生都不愿意回家乡工作，反而流向苏州、无锡、常州、南京、上海等地。盐城市的区县财政支持也相对较小，扶持力度较低。而为了规避风险，金融信贷具有"嫌贫爱富"的特征，贷款多向大城市、大企业集中，以中小企业占主体的区县较难获得金融机构的有力支持。此外，区县自身积累的资本也表现出外逃的倾向，多流向资本收益率高的中心城市，使得能够用于区县发展的资金更加有限。上述多因素的综合影响导致经济发展持续陷于财力贫弱、发展资本匮乏的困境中。综合考虑这些原因，要改变现状，必须要从政策、经济、人才多方面入手。

7.3 南京、苏州、盐城产业结构形成因素

上文分析了南京、苏州、盐城的经济发展差异的原因，这三个城市的产业结构存在着很大的差异，影响着它们现在的产业结构的原因有很多，如需求方面、供给方面和科学技术方面的因素。本节具体分析南京、苏州、盐城产业结构形成的原因。

7.3.1 影响南京产业结构形成的因素

第一，需求变化对产业结构变动的影响。根据钱纳里人均经济总量与经济发展阶段的关系的结论，2013年南京人均GDP 98011元/人已经到达了工业化高级阶段。这时三次产业GDP结构是，第一产业比重较小，第二产业比重下降，第三产业比重不断提高。而南京2013年第一、第二、第三产业的产值分别是204.64亿元、3450.58亿元、4356.56亿元，比2012年第一、第二、第三产业的185.06亿元、3170.78亿元、3845.73亿元有所提高，并且比例进一步向第三产业倾斜。本书主要研究的是工业产业，从工业产业结构上来看，2013年南京城镇居民平均每人全年收入是38531元，随着人均收入水平的增长，社会需求结构和居民消费结构都会发生变化，如人们对食品的需求份额显著下降，并表现为恩格尔系数的下降；人们对高技术产品需求增加；社会对基础设施的需求开始上升等。

第二，供给变化、技术进步对产业结构的影响。供给结果包括劳动力、资本、自然资源等生产要素，南京劳动力供给波动持平，但是第一、第二产业人数下降，第三产业人数增多。在资金投入方面，2013年固定资产投资额达5093.78亿元，其中在电力、燃气及水的生产和供应业、建筑业，交通运输、仓储和邮政业，水利、环境和公共设施管理业投入增长率较大。南京的文化、科技教育发达，拥有丰富的科技智力资源，高新技术产业基础雄厚。科学技术是第一生产力，南京应充分利用其丰富的科技资源，大力发展高新技术产业。

第三，南京生产要素禀赋情况。从供给指标中我们可以看出，南京有丰富的劳动力资源，且其中以高素质人才为主。2013年南京有高等院校75所，其中211高校8所，仅次于北京、上海；国家重点实验室25所、国家重点学科169个、两院院士83人，均居中国第3。2013年南京三种专利申请受理数54784项。南京的资本力量也非常雄厚，拥有全国主要金融的省级分部，而且南京每年吸引外资的数额也在不断上升。南京的自然资源供给较为单调，主要矿产资源是石油、煤炭（江苏省油田工业区分布在大江南北，目前油田的主要工业区在江苏北部，主力油田则在扬州地区），且储量十分有限。

第四，南京的定位和地域分工。南京是现代国际化城市，是江苏省政治、文化、科技、教育和国际国内交往的中心，应发挥江苏省政治中心、经济中心和国际国内交往中心的职能。因此，南京应快速发展第三产业或现代服务业、高新技术产业，发挥好江苏省省会城市的政治职能和科技带动职能。

7.3.2 影响苏州产业结构形成的因素

第一，需求变化对产业结构变动的影响。根据钱纳里人均经济总量与经济发展阶段的关系的结论，2013年苏州人均GDP为123209元/人已经到达了工业化高级阶段。这时三次产业GDP结构是，第一产业、第二产业比重开始下降，第三产业比重不断提高。而苏州的2013三种产业产值分别是214.49亿元、6849.59亿元、5951.62亿元，仍以第二产业为主，其中工业产值为6370.37亿元，占整个第二产业的93%。2013年苏州城镇居民平均每人全年收入是42748元。苏州城镇居民收入水平高于南京地区，而且苏州城镇居民人均生活支出是26739元，南京市为24591元，计算所得收入剩余（用城镇居民平均每人全年收入减去苏州城镇居民人均生活支出），苏州地区要高于南京地区，说明苏州地区的劳动者实际收入要高于南京地区。这样人们的储蓄更多，人们对出行的需求开始上升，即购买汽车；人们对子女教育和自身再学习的需求开始增加；人们对医疗服务需求的上升；社会对基础设施的需求开始上升等。

第二，供给变化、技术进步对产业结构的影响。2010~2013年苏州劳动力供给增长很快，以年均3.2%的速度增长。其中，工业人数明显增多，增加近100万人，且个体私营户也明显增多，在这样的环境下个体创业人数增多，会促进地区经济发展。主要增加的劳动力集中在计算机行业。在资金投入方面，近年来增幅巨大，尤其是在计算机、通信和其他电子设备制造业以及电气机械和器材制造业。苏州也拥有较为丰富的科技智力资源和较强的科研实力，尤其是苏州离南京、上海距离较近，且苏州的薪资水平较高，容易吸引高技术人才向苏州流动。2013年专利申请受理量是141076件，且专利申请授权量是81666件。

第三,苏州生产要素察赋情况。从供给指标中我们可以看出,苏州劳动力实际供给量逐渐增多,原因可能是经济发展产业集聚吸引大量技术人才往苏州流动。苏州的计算机、通信和其他电子设备制造业发展多年,形成了产业集群,有较强的集群效益。苏州地理位置优越,邻近上海,交通便利。

7.3.3 影响盐城产业结构形成的因素

第一,需求变化对产业结构变动的影响。2013年盐城人均GDP为48150元/人,虽然按照钱纳里人均经济总量与经济发展阶段的关系的结论,盐城已经达到工业发展后期,但是其发展水平远低于南京和苏州地区。此时,盐城仍需要着重发展第二产业。2013年盐城第一、第二、第三产业的产值分别是489.18亿元、1635.98亿元、1350.34亿元。第一产业比重仍比较大,第二产业明显较弱。2013年盐城城镇居民平均每人全年收入是24119元。虽然较南京、苏州来说收入水平较低,但是城镇居民人均生活消费支出是16678元,消费支出也相对较少,城镇居民结余还比较多。所以人们对耐用消费品的需求会慢慢提高,如家用电器的更新换代、汽车的购置;人们也会出于对生活质量的追求,使得食品加工制造业保持快速发展。

第二,供给变化、技术进步对产业结构的影响。2010~2013年盐城劳动力供给有所增加,劳动力增加的主要行业是:第二产业中的纺织业、汽车制造业等。在资金投入方面,其中在农、林、牧、渔业,制造业,电力、燃气及水的生产和供应业,交通运输、仓储和邮政业,批发和零售业,房地产业的投入增长幅度较大。盐城科技发展比较落后,高等学府数量较少,且距离高技术地区较远。专利申请受理量仅为16689件。

第三,盐城生产要素察赋情况。从供给指标中我们可以看出,盐城劳动力实际供给量有所增加,但劳动力综合素质水平比较低,今后盐城第二产业的快速发展将对高素质的现代化人才有巨大需求。因此,加强盐城劳动力教育和再教育工作非常关键。盐城作为发展较为落后的地区,可以在第二产业结构的不同层次与南京、苏州等苏南、苏中发达地区实现互补发展,或成为苏南、苏中产业梯度转移的目的地。

7.4　本章小结

本章对南京、苏州、盐城的工业投入产出效益和产业结构情况进行了分析。盐城市各区县的效益相对较高,而苏州的效益较低,南京市的区县效益波动较大,但是苏州和南京的部门效益和就业效益高于同地区的其他效益。盐城市效益表现最好的区县其主要行业是汽车行业,苏州市投入产出效益表现最好的是昆山市,其主要行业是计算机行业,这个行业也是解决当地就业最多的行业。昆山市也是这三个市 33 个区县中产值最高的地区。南京的区县效益差异较大,效益表现最好的是南京市辖区,该地区的主要支撑行业是石油加工、炼焦和核燃料加工业,化学原料和化学制品制造业,黑色金属冶炼和压延加工业,这三个行业都是老牌工业行业,尤其是石油加工、炼焦和核燃料加工业是垄断行业且严重受限于自然要素。这三个地区的发展条件不同、发展基础不同,所以在未来的发展方向也会有所区别。

综合考虑社会需求因素、社会供给因素、科学技术发展水平,本书认为南京、苏州、盐城在未来的发展中必须以现有优势产业为基础,根据科技水平,发展适合当地社会需求的行业。例如,南京在维持石油加工、炼焦和核燃料加工业,化学原料和化学制品制造业,黑色金属冶炼和压延加工业这些传统行业的基础上,着重发展高科技研发行业,充分利用当地科研力量,产学结合。苏州市需要重点发展计算机、通信和其他电子设备制造业以及电气机械和器材制造业,提升该行业的产品附加值,加强科研投入,推动技术进步,掌握核心技术,获取更高的利益,提升行业效益。同时,利用地区交通便利优势和上海经济、科研力量辐射作用,发展金融保险业、科学研究和综合技术服务事业等其他服务行业。而盐城做好苏南、苏中地区产业转移的发展基地,除了保持汽车制造业的生产优势,还要注重劳动力的教育和再教育,提升劳动力素质,在传统纺织业、食品加工业等行业中提高生产效益。政府进一步加强基础设施建设,招商引资,吸引苏南、苏中地区的产业转移。

7.5 图表附录

附表 7.1 南京各片区具体情况

片区划分	区名	面积（平方千米）	户籍（万人）	总数户籍人口（万人）	常住人口（万人）	邮政编码	政府驻地
城中片区	玄武区	75.2	13.8	51.08	65.2	210018	梅园新村街道
城中片区	秦淮区	49.2	25.9	71.96	100.49	210002	五老村街道
城中片区	鼓楼区	53.1	27.9	99.07	130.37	210009	宁海路街道
西南片区	建邺区	82.7	8	21.74	45.4	210019	沙洲街道
西南片区	雨花台	134.6	7.7	21.8	39.13	210012	雨花街道
江北片区	浦口区	912.3	17.1	53.3	71.03	211800	江浦街道
江北片区	六合区	1467.1	28.7	88.43	91.58	211500	龙池街道
东南片区	栖霞区	376.1	13.3	42.95	64.45	210046	仙林街道
东南片区	江宁区	1572.9	30.6	90.91	114.56	211100	东山街道
南京片区	溧水区	1067.3	13.9	41.05	41.09	211200	永阳镇
南京片区	高淳区	792	14.2	42.17	42.43	211300	淳溪镇

附表 7.2 苏州各县市具体情况

区县名称	面积（平方千米）	人口（万人）	下辖街镇	政府驻地	邮政编码
姑苏区	86	164.97	21个街道	苏锦街道	215001
相城区	496	69.36	6个街道，4个镇	元和街道	215131
吴中区	745	115.84	6个街道，7个镇	长桥街道	215000
虎丘区	223.36	57.23	4个街道，3个镇	东渚镇	215010
吴江区	1176.68	127.51	8个镇	松陵镇	215200
常熟市	1094	151.01	2个街道，9个镇	虞山镇	215500
昆山市	864.9	164.63	10个镇	玉山镇	215300
张家港市	999	124.84	8个镇	杨舍镇	215600

续表

区县名称	面积 （平方千米）	人口 （万人）	下辖街镇	政府驻地	邮政编码
太仓市	620	71.21	1个街道，6个镇	城厢镇	215400

注：户籍人口数据截至2015年1月

附表7.3 苏州市各类开发区

类型	开发区		
国家级 开发区	苏州工业园区	昆山经济技术开发区	常熟经济技术开发区
	吴江经济技术开发区	太仓港经济技术开发区	张家港经济技术开发区
	吴中经济技术开发区	苏州浒墅关经济开发区	
国家级高新区	苏州高新技术产业开发区	昆山高新技术产业开发区	
国际商务区	苏州工业园区国际商务区		
保税区	张家港保税区	昆山综合保税区	
保税物流园区	苏州工业园区保税物流中心 （B型）	苏州高新区保税物流中心 （B型）	太仓保税物流中心（B 型）
出口加工区	苏州工业园区出口加工区	苏州高新区出口加工区	昆山出口加工区
	常熟出口加工区	吴江出口加工区	吴中出口加工区
省级园区	常熟东南经济开发区	江苏省汾湖高新技术产业开 发区	苏州相城经济开发区
	花桥国际商务城		

附表7.4 盐城市各县市情况

县（市、区）	面积 （平方千米）	户籍人口 （万人）	街道办事处
亭湖区	732	93.53	毓龙、先锋、文峰、大洋、五星、黄海、 新城、新洋、伍佑
盐都区	1047	71.39	新都、盐渎、盐龙、潘黄、张庄
滨海县	1915	80.49	/
射阳县	2855	97.37	/

7 典型县市对比分析

续表

县（市、区）	面积（平方千米）	户籍人口（万人）	街道办事处
阜宁县	1439	110.37	阜城、新城、花园、吴滩
建湖县	1160	80.25	近湖、钟庄、塘河
响水县	1461	61.57	/
东台市	3221	113.40	/
大丰市	3059	72.53	/

附表 7.5 区县代码和对应的区县名称

区县代码	区县名称	区县代码	区县名称
320101	南京市市辖区	320560	苏州工业园区
320102	南京市玄武区	320581	苏州市常熟市
320104	南京市秦淮区	320582	苏州市张家港市
320105	南京市建邺区	320583	苏州市昆山市
320106	南京市鼓楼区	320585	苏州市太仓市
320111	南京市浦口区	320902	盐城市亭湖区
320113	南京市栖霞区	320903	盐城市盐都区
320114	南京市雨花台区	320921	盐城市响水县
320115	南京市江宁区	320922	盐城市滨海县
320116	南京市六合区	320923	盐城市阜宁县
320117	南京市溧水区	320924	盐城市射阳县
320118	南京市高淳区	320925	盐城市建湖县
320505	苏州市虎丘区	320960	盐城经济开发区
320506	苏州市吴中区	320961	盐城城南新区
320507	苏州市相城区	320981	盐城市东台市
320508	苏州市苏州新区	320982	盐城市大丰市
320509	苏州市苏州工业园区		

注：在下文中为了列表简洁，使用区县代码来表示区县。

附表 7.6 南京、苏州、盐城的经济、企业、部门、政府、社会、就业效益及排序

地区	经济效益	按经济效益排序	企业效益	按企业效益排序	部门效益	按部门效益排序	政府效益	按政府效益排序	全社会效益	按全社会效益排序	就业效益	按就业效益排序
320101	1.0956	4	1.0956	5	1.1520	7	1.0956	4	1.0956	4	0.7433	12
320102	0.3658	32	0.3806	30	0.7081	27	0.3658	32	0.3658	32	0.3511	33
320104	0.4138	25	0.4138	25	0.7447	23	0.4138	25	0.4138	25	0.4377	30
320105	0.4908	21	1.0052	8	1.1278	10	0.4908	21	0.5383	18	0.7103	14
320106	0.3132	33	0.3132	33	1.1737	5	0.3132	33	0.3132	33	0.4126	32
320111	0.5852	16	0.5959	17	0.9306	15	0.5852	16	0.5852	16	0.6038	18
320113	1.0135	6	1.0808	6	1.1331	9	1.0135	6	1.0135	6	0.8402	8
320114	0.4098	26	0.4098	26	0.6523	31	0.4098	26	0.4098	26	0.4975	26
320115	0.5434	17	0.6147	15	0.8932	18	0.5434	17	0.5434	17	0.5982	20
320116	0.5935	15	0.5935	18	0.6760	30	0.5935	15	0.5935	15	0.5556	22
320117	0.8144	11	1.0796	7	1.1085	11	0.8144	11	0.8381	10	0.7480	11
320118	0.8188	10	0.8200	12	1.2389	3	0.8188	10	0.8188	11	0.8166	9
320505	0.4984	20	0.4984	21	0.8898	19	0.4984	20	0.4984	21	0.5464	23
320506	0.3724	30	0.3724	31	0.9103	16	0.3724	30	0.3724	30	0.6171	17
320507	0.3692	31	0.3692	32	0.7827	21	0.3692	31	0.3692	31	0.6013	19
320508	0.3939	28	0.3939	28	0.6322	32	0.3939	28	0.3939	28	0.4399	29
320509	0.3887	29	0.3887	29	0.6977	29	0.3887	29	0.3887	29	0.5429	24

续表

地区	经济效益	按经济效益排序	企业效益	按企业效益排序	部门效益	按部门效益排序	政府效益	按政府效益排序	全社会效益	按全社会效益排序	就业效益	按就业效益排序
320560	0.4474	22	0.4474	22	1.0967	12	0.4474	22	0.4474	22	0.4354	31
320581	0.4197	24	0.4197	24	0.7007	28	0.4197	24	0.4197	24	0.4497	28
320582	0.5107	19	0.5107	20	0.7270	24	0.5107	19	0.5107	20	0.5259	25
320583	0.6085	14	0.6085	16	0.9400	14	0.6085	14	0.6085	14	0.6212	16
320585	0.4378	23	0.4378	23	0.7237	26	0.4378	23	0.4378	23	0.4618	27
320902	1.1515	2	1.1559	3	1.4019	2	1.1667	2	1.2141	2	1.1622	4
320903	0.8976	8	0.8976	10	0.8976	17	0.9077	8	0.9115	8	0.8811	7
320921	1.0673	5	1.1834	2	1.1834	4	1.0673	5	1.0673	5	1.0667	6
320922	0.8714	9	0.8714	11	0.8822	20	0.8714	9	0.8725	9	0.7935	10
320923	0.9900	7	0.9900	9	0.9900	13	0.9900	7	0.9900	7	1.0850	5
320924	0.7696	12	0.7696	13	0.7696	22	0.7696	12	0.7703	12	0.6974	15
320925	1.1472	3	1.1472	4	1.1472	8	1.1472	3	1.1472	3	1.2018	3
320960	1.5473	1	1.5473	1	1.5473	1	1.6318	1	1.7000	1	1.4665	1
320961	0.4086	27	0.4086	27	1.1690	6	0.4086	27	0.4086	27	1.4019	2
320981	0.7062	13	0.7062	14	0.7240	25	0.7062	13	0.7062	13	0.7427	13
320982	0.5144	18	0.5144	19	0.5779	33	0.5144	18	0.5144	19	0.5830	21

附表 7.7 南京、苏州、盐城的排名分布情况

城市	效益类型	南京						苏州						盐城					
		数量	全距	极小值	极大值	均值	标准差	数量	全距	极小值	极大值	均值	标准差	数量	全距	极小值	极大值	均值	标准差
	经济效益	12	29	4	33	18	9.58	10	17	14	31	24	5.50	11	26	1	27	9.55	7.73
	企业效益	12	28	5	33	16.83	9.75	10	16	16	32	24.6	5.21	11	26	1	27	10.27	7.91
	部门效益	12	28	3	31	15.75	9.89	10	20	12	32	22.1	6.79	11	32	1	33	13.73	10.51
	政府效益	12	29	4	33	18	9.58	10	17	14	31	24	5.50	11	26	1	27	9.55	7.73
	全社会效益	12	29	4	33	17.75	9.54	10	17	14	31	24.2	5.33	11	26	1	27	9.64	7.84
	就业效益	12	25	8	33	19.58	9.05	10	15	16	31	23.9	5.15	11	20	1	21	7.91	6.22

附表 7.8 南京的经济、企业、部门、政府、社会、就业效益及排序

地区	经济效益	按经济效益排序	企业效益	按企业效益排序	部门效益	按部门效益排序	政府效益	按政府效益排序	全社会效益	按全社会效益排序	就业效益	按就业效益排序
320101	1.2030	1	1.2030	3	1.2030	4	3.1918	1	1.3229	1	1.0470	4
320102	0.4072	12	0.4072	12	1.0256	7	0.4082	12	0.4183	12	0.4933	12
320104	0.5480	10	0.5480	10	0.8507	10	0.5552	10	0.5489	11	0.5978	10
320105	1.0340	4	1.2446	2	1.2495	3	1.0340	4	1.2167	2	1.0371	5
320106	0.5078	11	0.5078	11	1.1761	5	0.5230	11	0.5503	10	0.5119	11
320111	0.8551	7	0.8551	7	1.0161	8	0.9675	7	0.9183	7	0.8230	7
320113	1.1014	3	1.2997	1	1.2997	2	1.1014	3	1.1014	5	1.1225	2
320114	0.5659	9	0.5659	9	0.6700	12	0.5768	9	0.5858	9	0.6800	9
320115	0.8929	6	0.8982	6	0.9510	9	1.0063	6	0.9318	6	0.8310	6
320116	0.6251	8	0.6251	8	0.7297	11	0.6290	8	0.6251	8	0.7422	8
320117	1.0076	5	1.0796	5	1.1085	6	1.0227	5	1.1026	4	1.0500	3
320118	1.1299	2	1.1299	4	1.4979	1	1.1299	2	1.1299	3	1.3748	1

附表 7.9 苏州的经济、企业、部门、政府、社会、就业效益及排序

地区	经济效益	按经济效益排序	企业效益	按企业效益排序	部门效益	按部门效益排序	政府效益	按政府效益排序	全社会效益	按全社会效益排序	就业效益	按就业效益排序
320505	0.8601	3	0.8601	5	1.0161	6	0.8601	7	0.8765	6	0.8964	6
320506	0.6035	9	0.6035	9	1.1091	4	1.0428	5	0.8473	7	1.0745	3
320507	0.6012	10	0.6012	10	0.8855	7	0.7365	9	0.7741	9	1.0188	4
320508	0.8370	4	1.3633	1	1.3633	1	1.1317	3	1.0278	4	0.8362	7
320509	0.6497	8	0.6497	8	0.7846	9	0.6852	10	0.7279	10	1.0053	5
320560	0.7710	6	1.0257	4	1.1017	5	1.0110	6	1.0521	3	0.7259	10
320581	0.7270	7	0.7531	7	0.7577	10	0.8564	8	0.8345	8	0.7575	9
320582	1.1427	2	1.1427	3	1.1427	3	1.1427	2	1.1427	2	1.1271	2
320583	1.1782	1	1.1809	2	1.1809	2	1.1896	1	1.1782	1	1.1943	1
320585	0.7733	5	0.8069	6	0.8105	8	1.1022	4	0.9049	5	0.7651	8

7 典型县市对比分析

附表 7.10 盐城的经济、企业、部门、政府、社会、就业效益及排序

地区	经济效益	按经济效益排序	企业效益	按企业效益排序	部门效益	按部门效益排序	政府效益	按政府效益排序	全社会效益	按全社会效益排序	就业效益	按就业效益排序
320902	1.1515	3	1.1559	4	1.5493	3	1.1667	3	1.2141	2	1.1622	4
320903	0.8976	6	0.8976	6	0.8976	7	0.9077	6	0.9115	6	0.8811	7
320921	1.0809	4	1.3110	2	1.3110	4	1.0809	4	1.0809	4	1.0667	6
320922	0.8714	7	0.8714	7	0.8822	8	0.8714	7	0.8725	7	0.7935	8
320923	0.9900	5	0.9900	5	0.9900	6	0.9900	5	0.9900	5	1.0850	5
320924	0.7696	8	0.7696	8	0.7696	9	0.7696	8	0.7703	8	0.6974	10
320925	1.1700	2	1.1741	3	1.2263	5	1.1701	2	1.1727	3	1.2102	3
320960	1.8697	1	2.2362	1	2.2362	1	3.8321	1	2.4457	1	1.4665	1
320961	0.4086	11	0.4086	11	1.6353	2	0.4086	11	0.4086	11	1.4019	2
320981	0.7062	9	0.7062	9	0.7240	10	0.7062	9	0.7062	9	0.7427	9
320982	0.5144	10	0.5144	10	0.5779	11	0.5144	10	0.5144	10	0.5830	11

附表7.11 南京、苏州、盐城各区县的从业人数、从业人员工资总额、产值表

地区	从业人员平均人数（万人）	从业人员工资总额（亿元）	产值（亿元）	地区	从业人员平均人数（万人）	从业人员工资总额（亿元）	产值（亿元）
320101	8.07	63.25	2920.69	320560	40.32	278.39	3830.41
320102	0.41	2.46	39.13	320581	37.22	193.07	3582.25
320104	1.49	8.87	175.82	320582	31.73	173.51	4922.05
320105	0.29	1.37	25.43	320583	80.80	424.86	8157.30
320106	1.67	11.97	134.68	320585	19.14	102.09	1994.70
320111	7.86	44.82	1151.04	320902	4.72	25.01	560.29
320113	10.56	58.71	2375.77	320903	6.53	20.31	665.44
320114	2.18	10.20	206.25	320921	3.11	10.94	517.19
320115	19.40	100.54	2533.97	320922	4.58	17.50	491.01
320116	12.29	57.32	1488.30	320923	4.32	11.63	487.11
320117	7.11	30.72	797.13	320924	4.28	17.19	494.93
320118	8.37	39.42	714.88	320925	6.80	20.56	651.20
320505	27.01	148.36	2508.87	320960	3.11	15.26	937.33
320506	22.18	108.27	1156.05	320961	1.44	5.07	45.01
320507	16.62	75.83	930.52	320981	9.51	29.97	863.06
320508	0.69	3.76	97.98	320982	7.67	28.77	657.95
320509	43.89	203.14	3096.17				

8 第二次经济普查和第三次经济普查结果分析

江苏省已经进行了三次经济普查，第一次经济普查年代比较早，为了直观地看出这些年来经济产业发展变化，本节将第二次经济普查数据（2008年）（以下简称"二经"）和第三次经济普查数据（2013年）（以下简称"三经"）进行对比。首先对比数据的获取情况，"二经"中缺少从业人员工资总额、营业税金及附加、本年折旧、营业收入，且没有应付职工薪酬，所以在做效益分析时，包含从业人员工资项目、税金总额项目、社会剩余价值项目的效益分析都没有办法完整计算出来。所以只能做一些基础性的比较，以及计算经济效益。为了使比较更加充分，在"二经""三经"中均使用"主营业务税金及附加"代替"营业税及其附加"进行比较，用"主营业务收入"替代"营业收入"。

从表 8.1 中可以看出来，从"二经"到"三经"，江苏省各市的经济都有巨大发展，有 2/3 的城市增幅都有 1 倍以上，其中宿迁和连云港，增长了 3 倍，只有四座城市的增幅小于 1 倍，这四座城市是南京、常州、苏州、无锡，这些城市在"二经"时，工业总产值已经达到了很高的水平，虽然在"三经"的时候工业生产总值绝对值变化巨大，但是相对值增长却相对一般。排名变化不大，前三名依然是苏州、无锡、南京，但是南京和无锡的差距在缩小。工业生产总值排名中，变化比较大的是徐州，从第 9 名上升到第 5 名，增长倍数近 2.7 倍。但是从人均工业生产总值上看，人均工业生产总值的增长速度略低于工业生产总值增长速度,连云港人均生产总值在"二经"时仅有50.70万元/人,排名第9,而"三经"时,已经上升至162.94万/人,排名第一,增长2.2倍。无锡市的工业生产总值增长幅度是32%,而人均工业总值增长幅度是53%,说明劳动生产力提高程度要高于总量提高程度。在"二经"时,人均产值排名前列的还是南京、无锡、泰州、扬州、常州等这些苏南苏中地区城市,而经过5年的发展,虽然总产值上这些苏南苏中地区仍名列前茅,但是在人均产值上,部分城市排名下降,南京下降至第3名,而无锡、扬州地区已经下降至第10、第11名,现在人均产值排名前列的有连云港、徐州这些苏北城市,其他苏北城市的人均产值的排名也有相应的提高,而且苏北的人均产值的增幅高于苏南地区,说明苏北地区发展速度快于苏南地区。

为了直观地看出"二经""三经"时这13市的工业绩效的区别,计算各总资产贡献率、流动资产周转、产品销售率、全员劳动生产率,并计算加权综合绩效指数。在描述工业绩效的指标中很显然最为直接也最为常用的是利润率指标。在"二经""三经"中均使用"主营业务税金及附加"代替"营业税及其附加"进行比较,用"主营业务收入"替代"营业收入"。所以需要对这些指标进行重新计算,结果见表8.2和表8.3。可以看出,在"二经"中,总资产贡献率排名前三名的是宿迁、盐城和徐州,数值分别是30.81%、27.74%、26.06%,到了"三经"普查中排名发生了巨大的变化,前三名是徐州30.76%、泰州27.65%、扬州25.17%,说明苏中地区资产绩效提升较快。而流动资产周转次数可以反映企业流动资产的周转速度,是评价企业流动资产利用效率的核心指标。除了宿迁的流动资产周转速度排名大幅下降,连云港的流动资产周转速度排名大幅上升外,其他地区的流动资产周转率排名变动不大。总体上排名靠前的是苏北地区城市,其次是苏中地区,而苏南地区的流动资产周转率排名靠后。无锡的流动资产周转率在"二经""三经"的普查中,均排末尾,但是周转次数进一步减少,流动情况比较令人担忧。"三经"的产品销售率普遍提高,在"二经"时产品销售率均值是97.88,到了"三经"时均值增加到99.02,说明各市的产品销售情况比"二经"时有所改善,资金回笼能力增强。在这些指标中,"三经"比"二经"提升最明显的是全员劳动生产率，连云港全员劳动生产率是"二经"时的2.82倍，有6个城市全员劳动生产率翻番。但是苏州的劳动生产率改变并不明显，仅提高了18%，这在经济发展进程中需要重视。全员劳动生产率排名中，连云港提升最多，"二经"时是第7名，"三经"时是第3名，但是盐城和南通的全员劳动生产率排名均下降到第3名，下降较多。这些指标排名结果并不统一，要综合判断13市的工业绩效，本书利用上述指标按一定的加权比例计算出加权综合绩效指数（见表8.4）。从表中可以发现，南通加权综合绩效指数从"二经"的第2名到"三经"时下降到第8名，而连云港从第9名攀升至第4名，普遍来看，苏北地区的绩效有所提升，而苏南地区、苏中地区除了个别城市排名下降明显以外，其他都在原排名位置波动。总体来看，苏北地区的绩效略高于苏中地区、苏南地区。再看江苏省13市的产值利税率、资金利税率、销售收入利润率（见表8.5），宿迁市在"二经"时产值利税率排名第2位，仅次于徐州市，而到了"三经"时，产值利税率提高了0.11个百分点，超过徐州市，排名第1，徐州产值利税率下降较多，从"二经"的17.67%下降到14.84%，但是仍高于大多数城市。南京地区是产值利税率排名上升最多的城市，从"二经"的第13名上升到"三经"的第3名，其数值上将近翻了一倍。而淮安市是排名下降最多的城市，从排名第3下降到第10，数值上缩水近40%。而资金利税率的排名和产值利税率排名基本雷同，仅有宿迁在"三经"的时候表现出高产值利税率而低资金利税率，说明宿迁在资金方面的投入较多，可能是在进行固定资产建设，为了后续发展做前期投入。连云港的资金利税率从"二经"的第9名上升到"三经"的第4名，提高了近70%。而宿迁、淮安、盐城这些苏北城市资金利税率都有不同幅度的下降。多数城市的销售收入利润率变化不大，但是无锡从"二经"的8.28%下降到"三经"的5.69%，排名第10，而南京从2.78%上升到7.88%，从第13名上升到第3名。总体来看，南京经济有所提升，而无锡的利润利税情况却下降明显，这些年的发展政策需要重点关注。

表 8.1 "二经""三经" 13 市工业生产总值和人均生产总值及其排序对比

地区	"二经" 工业生产总值（亿元）	"二经" 按工业生产总值排序	"三经" 工业生产总值（亿元）	"三经" 按工业生产总值排序	工业生产总值增长幅度（%）	"二经" 人均工业生产总值（万元/人）	"二经" 按人均工业生产总值排序	"三经" 人均工业生产总值（万元/人）	"三经" 按人均工业生产总值排序	人均工业生产总值增长幅度（%）
南京	6635.74	3	12563.09	3	89.32	93.52	1	157.62	3	68.54
无锡	11234.36	2	14876.33	2	32.42	71.98	2	110.21	10	53.11
徐州	2879.41	9	10605.15	5	268.31	48.17	11	134.64	4	179.51
常州	5383.29	4	10035.82	6	86.43	58.97	5	117.40	6	99.08
苏州	20018.26	1	30276.29	1	51.24	58.04	7	94.73	12	63.22
南通	5297.08	5	11253.96	4	112.46	58.95	6	114.51	7	94.25
连云港	1024.54	12	4101.08	12	300.29	50.70	9	162.94	1	221.38
淮安	1273.72	11	4638.11	11	264.14	47.29	12	111.65	9	136.10
盐城	2557.88	10	6370.51	10	149.05	49.66	10	113.62	8	128.80
扬州	3581.91	6	8324.21	7	132.40	59.32	4	106.61	11	79.72
镇江	2889.86	8	7198.55	9	149.10	57.86	8	129.39	5	123.63
泰州	3039.20	7	8142.08	8	167.90	64.87	3	159.22	2	145.44
宿迁	738.94	13	2988.16	13	304.38	23.29	13	74.06	13	217.99

8 第二次经济普查和第三次经济普查结果分析

表 8.2 "二经""三经" 13 市总资产贡献率、流动资产周转及其排序对比

地区	"二经"		"三经"		"二经"		"三经"	
	总资产贡献率（%）	按总资产贡献率排序	总资产贡献率（%）	按总资产贡献率排序	流动资产周转次数（次）	按流动资产周转次数排序	流动资产周转次数（次）	按流动资产周转次数排序
南京	10.56	13	20.29	9	2.63	8	2.48	10
无锡	15.85	8	10.54	12	2.20	13	1.67	13
徐州	26.06	3	30.76	1	3.31	5	4.49	2
常州	14.16	10	13.29	11	2.39	12	2.23	11
苏州	11.24	12	8.90	13	2.41	11	1.98	12
南通	22.35	5	20.84	8	3.12	6	3.14	7
连云港	15.81	9	23.93	5	2.61	9	4.08	4
淮安	24.31	4	22.65	7	3.58	3	5.04	1
盐城	27.74	2	24.43	4	4.01	1	4.17	3
扬州	20.89	6	25.17	3	3.32	4	3.93	5
镇江	14.13	11	15.05	10	2.42	10	2.84	9
泰州	20.80	7	27.65	2	2.74	7	3.65	6
宿迁	30.81	1	23.66	6	3.78	2	2.89	8

159

表 8.3 "二经""三经" 13 市产品销售率、全员劳动生产率及其排序的对比

地区	"二经" 产品销售率(%)	"二经" 按产品销售率排序	"三经" 产品销售率(%)	"三经" 按产品销售率排序	"二经" 全员劳动生产率(元/人)	"二经" 按全员劳动生产率排序	"三经" 全员劳动生产率(元/人)	"三经" 按全员劳动生产率排序
南京	98.16	4	98.92	9	16.17	5	35.60	4
无锡	97.57	8	98.30	11	10.02	11	15.74	11
徐州	97.45	10	98.96	7	16.56	3	37.10	2
常州	98.22	3	99.01	6	10.10	10	20.00	9
苏州	98.59	2	99.24	3	7.27	12	8.55	13
南通	99.18	1	99.05	5	16.31	4	24.85	7
连云港	97.36	11	98.49	10	12.94	7	36.54	3
淮安	98.03	5	101.16	1	10.56	9	14.77	12
盐城	97.88	6	99.60	2	17.01	2	32.45	5
扬州	97.35	12	98.16	13	14.13	6	25.50	6
镇江	97.19	13	99.16	4	11.18	8	23.66	8
泰州	97.56	9	98.24	12	17.53	1	43.47	1
宿迁	97.88	7	98.92	8	6.05	13	15.98	10

8 第二次经济普查和第三次经济普查结果分析

表 8.4 "二经""三经" 13 市的加权综合绩效指数及其排序对比

地区	"二经"		"三经"	
	加权综合绩效指数	按加权综合绩效指数排序	加权综合绩效指数	按加权综合绩效指数排序
南京	4.73	7	5.41	6
无锡	2.55	11	1.14	12
徐州	6.84	3	7.64	1
常州	3.08	10	2.65	11
苏州	2.05	13	0.81	13
南通	7.83	2	4.54	8
连云港	3.58	9	6.20	4
淮安	5.22	5	5.60	5
盐城	8.06	1	6.57	3
扬州	5.13	6	4.85	7
镇江	2.44	12	3.59	10
泰州	6.19	4	7.22	2
宿迁	4.57	8	3.75	9

161

表 8.5 "二经""三经"13 市产值利税率、资金利税率、销售收入利润率及其排序对比

地区	"二经" 产值利税率（%）	"二经" 按产值利税率排序	"三经" 产值利税率（%）	"三经" 按产值利税率排序	"二经" 资金利税率（%）	"二经" 按资金利税率排序	"三经" 资金利税率（%）	"三经" 按资金利税率排序	"二经" 销售收入利润率	"二经" 按销售收入利润率排序	"三经" 销售收入利润率	"三经" 按销售收入利润率排序
南京	7.24	13	14.37	3	10.66	12	23.09	9	2.78	13	7.88	3
无锡	11.04	8	8.63	12	15.56	8	10.26	12	8.28	4	5.69	10
徐州	17.67	1	14.84	2	28.83	2	33.41	1	8.82	3	8.20	2
常州	8.28	11	8.79	11	13.42	11	13.10	11	4.98	12	5.06	11
苏州	7.44	12	6.41	13	10.61	13	8.52	13	5.08	11	4.47	13
南通	12.95	5	11.89	8	23.07	5	23.23	8	7.75	6	7.70	5
连云港	14.26	4	12.50	5	15.24	9	26.17	4	9.14	2	7.74	4
淮安	15.12	3	9.27	10	25.10	4	23.24	7	8.09	5	4.88	12
盐城	12.95	6	12.70	4	28.21	3	25.74	5	6.23	8	6.70	8
扬州	10.70	9	12.01	7	21.35	6	27.09	3	5.86	10	7.02	7
镇江	9.43	10	9.67	9	13.79	10	16.14	10	5.99	9	6.21	9
泰州	11.61	7	12.47	6	20.98	7	30.10	2	6.60	7	7.20	6
宿迁	15.51	2	15.62	1	30.89	1	25.02	6	9.88	1	11.06	1

9 主要结论

工业经济在国民经济中占主要地位，工业对经济社会发展起着十分重要的推动作用。而效益、效率是经济成长的源泉，在资源投入受限条件下，决定了经济成长的结果，所以需要对工业投入产出效益进行测算分析。目前，我国对工业经济效益的定量分析比较多，但是对社会效益的分析相对较少，且现在的分析多在国家级和省级层面，由于数据受限，深入到县市级别的分析比较少。经济效益的量化结果是评价工业社会经济影响作用力大小的必要条件。本书的主要目标是揭示江苏省整体的工业投入产出效率，工业投入产出效率在不同行业、不同地区间的差异，以及在第二次经济普查和第三次经济普查之间的差异。

本书首先通过对工业总产值、人均产值以及部分经济绩效指标进行分析，对工业产出绩效做了一个大致的阐述。然后本书从工业经济活动对社会经济影响程度的分析入手，对工业投入产出的经济效益、企业效益、部门效益、政府效益、全社会效益和就业效益进行计算，分角度对工业投入产出绩效进行分析，每个效益都有其侧重点。对于工业的社会经济效益评价，本书主要介绍和运用 DEA 方法中的超效率模型对工业在社会经济发展中产生的绩效进行计量与分析。超效率 DEA 模型有利于对计算出的效率排序，方便比较效率值的大小。本书根据相关模型得出的主要结论如下：

第一，江苏省工业投入产出绩效整体表现良好，但是产品附加值高、发展前景大的战略型新兴产业（如医药行业、电子行业等）的各项绩效指标排名仅在全部行业的中游水平，高技术行业还在成长期，并没能完全实现高效益。

而在以总产值为唯一产出的经济效益排序中，苏北、苏中地区要高于苏南地区，但是在政府效益、就业效益、全社会效益的计算中，苏南地区绩效排名有所提升，说明苏南地区在社会效益方面的贡献度更大。

第二，江苏省总产值排名前10的典型行业，除了汽车制造业是盐城市在总量和效率上都占有优势以外，其他各行业，苏州市在总值上都名列前茅，但是效率值基本都在中下游位置。而多数效率较高的地区，总产值排名均在中下游水平；总产值最高的几个城市的效率值排名都在中下游，说明江苏省内存在着产业过度集聚，规模效应下降的情况，需要对江苏省内的产业结构分布做调整，提高效益。

第三，通过对江苏省典型地区南京、苏州、盐城三个城市的对比分析发现，盐城市的各区县的效益相对较高，而苏州市效益较低，南京市的区县效益波动较大，但是苏州市和南京市的部门效益和就业效益高于同地区的其他效益。盐城市效益表现最好的区县的主要行业是汽车行业，苏州市投入产出效益表现最好的是昆山市，其主要行业是计算机行业。南京的区县效益差异较大，效益表现最好的是南京市辖区，该地区的主要支撑行业是石油加工、炼焦和核燃料加工业，化学原料和化学制品制造业，黑色金属冶炼和压延加工业，这三个行业都是老牌工业行业，尤其是石油加工、炼焦和核燃料加工业是垄断行业且严重受限于自然要素。这三个地区的发展条件不同、发展基础不同，所以在未来的发展方向也会有所区别。不同地区的发展必须依据当地的资源条件、经济基础，发展符合地方特色的行业，且必须要提高高技术产业的技术含量，提高地区的科研能力，而不是一味制造低附加值的高技术产业的末端产品。

第四，第三次经济普查结果显示，相较第二次经济普查结果，江苏省工业总产值大幅提升，有2/3的城市增幅都有1倍以上，但是苏南地区增幅远小于苏北地区和苏中地区，且苏北地区的人均产值的增幅高于苏南地区，说明苏北地区发展速度快于苏南地区。

本书的创新点首先在于对工业社会经济效益的分类。与一些文章中单纯地研究经济效益不同，本书按照工业投入产出的不同绩效类型进行划分，分为对工业产业本身有影响的经济效益、企业效益和部门效益，以及对社会有影响的政府效益、全社会效益和就业效益。其次是从多个层面详细分析了工业投入产出绩效，先分别从地区和行业角度分析江苏省总体的投入产出效益，然后选取工业总产值前10名的行业进行重点行业分析，接着选择南京、苏州、盐城作为典型城市，对这三座城市的区县分别进行分析，比较这些区县的经济差异和投入产出差异。在经过多角度的横向比较后，对比了第二次经济普查和第三次经济普查结果，纵向比较绩效变化，这样对工业社会经济效益进行比较全面的研究，使工业社会经济效益定量分析的结果更具备科学性。工业投入产出效益涉及因素众多，种类繁复，本书对这一问题的认识尚不够深入，提出的工业投入产出绩效评价指标体系还有待进一步改进和完善。同时因篇幅有限以及数据获得的原因，本书对工业社会经济效益进行的评价还比较基础，实际上工业产生的效益远不止文中分析的几种，衡量指标上还能进一步优化，且如果有连续年份的数据，可以研究效率年份变化。而且运用数据包络分析方法的评价结果只能反映评价单元投入产出的相对优劣，不能分辨工业投入产出规模的不足与适度超前的状态，因此，有待于进一步对工业投入产出效益的评价方法进行完善。

参考文献

[1] Michael Armstrong, Angela Baronl. Performance Management [M]. London: The Cromwell Press, 1998: 15-16.

[2] S. W. Richard. Performance Management [M]. London: International Thomson Business Press, 1998: 93-94.

[3] 段钢. 基于战略管理的绩效考评 [M]. 北京: 机械工业出版社, 2007: 1-2.

[4] Murphy K. R., Cleveland J. N. Performance Appraisal: An Organizational Perspective [M]. Allyn & Bacon, 1991: 3-4.

[5] 财政部统计评价司. 企业绩效评价问答 [M]. 北京: 经济科学出版社, 1999: 1-3.

[6] 冯丽霞. 企业财务分析与业绩评价 [M]. 长沙: 湖南人民出版社, 2002: 1-2.

[7] Charnes A., Cooper W. W., Rhodes E. Measuring the Efficiency of Decision Making Units [J]. European Journal of Operational Research, 1978, 2 (6): 429-444.

[8] [英] 安迪·尼利. 企业绩效评估 [M]. 北京: 中信出版社, 2004: 1-2.

[9] 童梅芳. 基于DEA模型汽车上市公司绩效评价研究 [D]. 中国地质大学硕士学位论文, 2011.

[10] 陈维政, 吴继红, 任佩瑜. 企业社会绩效评价的利益相关者模式

[J]. 中国工业经济, 2002 (7): 57-63.

[11] 陈共荣, 曾峻. 企业绩效评价主体的演进及其对绩效评价的影响 [J]. 会计研究, 2005, 4 (65): 158.

[12] 徐光华. 改进沃尔比重评分法之探讨 [J]. 南京经济学院学报, 1999 (6): 67-69.

[13] G. B. Stewart. EVA: Fact and Fantasy [J]. Journal of Applied Corporate Finance, 1994 (7): 71-84.

[14] Stern J. M., Stewart G. B., Chew D. H. The EVA® Financial Management System [J]. Journal of Applied Corporate Finance, 1995, 8 (2): 32-46.

[15] Stern J. M., Stewart G. B., Chew D. H. Eva: An Integrated Financial Management System [J]. European Financial Management, 1996, 2 (2): 223-245.

[16] Biddle G. C., Bowen R. M., Wallace J. S. Evidence on EVA [J]. Journal of Applied Corporate Finance, 1999, 12 (2): 69-79.

[17] R. Kaplan, D. Norton. The Balanced Scorecard-Measures That Drive Performance [J]. Harvard Business Review, 1992, 70 (1): 71-79.

[18] R. Kaplan, D. Norton. Using the Balanced Scorecard as a Strategic Management System [J]. Harvard Business Review, 1996, 74 (1): 75-85.

[19] R. Kaplan, D. Norton. Putting the Balanced Scare Card to Work [J]. Harvard Business Review, 1993, 71 (5): 134-140.

[20] Clarkson M. E. A Stakeholder Framework for Analyzing and Evaluating Corporate Social Performance [J]. Academy of Management Review, 1995, 20 (1): 92-117.

[21] W. R. Scott. Institutions and Organizations: Theory and Rasearch [M]. London: Sage Pulications, 1995.

[22] Pfeffer J. Managing with Power: Politics and Influence in Organizations [M]. Cambridge: Harvard Business Press, 1992.

[23] Lozano-Vivas A., Humphrey D. B. Bias in Malmquist Index and Cost Function Productivity Measurement in Banking [J]. International Journal of Produc-

tion Economics, 2002, 76 (2): 177-188.

[24] Tone K., Sahoo B. K. Evaluating Cost Efficiency and Returns to Scale in the Life Insurance Corporation of India Using Data Envelopment Analysis [J]. Socio-Economic Planning Sciences, 2005, 39 (4): 261-285.

[25] 朱南卓, 贤董屹. 关于我国国有商业银行效率的实证分析与改革策略 [J]. 管理世界, 2004 (2): 18-26.

[26] Necmi K. Investigating Technical and Scale Efficiencies of Australian Universities through Data Envelopment Analysis Avkira [J]. Socio-Economic Planning Sciences, 2001 (35): 57-80.

[27] L. Drake, R. Simper. The Measurement of English and Welsh Police Force Efficiency: A Comparison of Distance Function Models [J]. European Journal of Operational Research. 2003 (147): 165-186.

[28] Sueyoshi T. Stochastic DEA for Restructure Strategy: An Application to A Japanese Petroleum Company [J]. Omega, 2000, 28 (4): 385-398.

[29] Emmanuel Thanassoulis. The Use of Data Envelopment Analysis in the Regulation of UK Water Utilities: Water Distribution [J]. European Journal of Operational Research, 2000 (126): 436-453.

[30] Shiuh-Nan Hwang, Te-Yi Chang. Using Data Envelopment Analysis to Measure Hotel Managerial Efficiency Change in Taiwan [J]. Tourism Management, 2003 (24): 357-369.

[31] James Odeck. Assessing the Relative Efficiency and Productivity Growth of Vehicle Inspection Services: An Application of DEA and Malmquist Indices [J]. European Journal of Operational Research, 2000 (126): 501-514.

[32] 车圣保. 效率理论述评 [J]. 商业研究, 2011 (5): 31-35.

[33] Farell M. The Measurement of Productive Efficiency [J]. Journal of Royal Statistical Society, 1957, 120 (3): 253-281.

[34] 袁益富. 技术效率理论及其运用 [J]. 农业技术经济, 1990, (3): 63-65.

[35] 史君卿, 吴敬学, 窦以文. 技术效率分析中的主要方法及其比较研

究 [J]. 农业经济问题, 2008 [A]: 51-58.

[36] Solow R. M. Technical Change and the Aggregate Production Function [J]. The Review of Economics and Statistics, 1960 (39): 312-320.

[37] Lall S. Technological Capabilities and Industrialization [J]. World Development, 1992, 20 (2): 165-186.

[38] Douglas P. H. The Cobb-Douglas Production Function Once Again: Its History, Its Testing, and Some New Empirical Values [J]. The Journal of Political Economy, 1976, 85 (4): 903-915.

[39] Charnes A., Cooper W. W., Rhodes E. Measuring the Efficiency of Decision Manking Units [J]. European Journal of Operational Research, 1978 (2): 429-444.

[40] 严高剑, 马添翼. 关于 DEA 方法 [J]. 科学管理与研究, 2005 (4): 54-56.

[41] 魏权龄. 数据包络分析（DEA）[J]. 科学通报, 2000 (9): 1793-1807.

[42] 马占新. 数据包络分析方法的研究进展 [J]. 系统工程与电子技术, 2002, 24 (3): 42-46.

[43] 韩利娜, 张俊容基于公共权重向量集的 DEA 排序方法 [J]. 科技导报, 2007 (4): 41-43.

[44] 陈涛. 基于 AHP 与 DEA 的组合方法确定指标权重 [J]. 科学技术与工程, 2007 (12): 6143-6145.

[45] Cook W. D., Kress M., Seiford L. On the Use of Ordinal Data in Data Envelopment Analysis [J]. Journal of the Operational Research Society, 1993, 44 (2): 133-140.

[46] Charnes A., Cooper W. W., Wei Q. L. A Semi-infinite Multicriteria Programming Approach to Data Envelopment Analysis with Infinitely Many Decision Ma-king Units [R]. The University of Texas at Austin, Center for Cybernetic Studies Report CCS 551, 2001.

[47] Charnes A. Compositive Data Envelopment Analysis and Multi-objective Programming [R]. The University of Texas at Austin, Center for Cybernetic Studies

Report, CCS, 2006.

[48] 马占新, 唐焕文. 一个综合的 DEA 模型及其相关性质 [J]. 系统工程学报, 1999, 14 (4): 311-316.

[49] 王宇, 冯英浚. 基于群组决策的 DEA 模型锥比率研究 [J]. 哈尔滨工业大学学报, 2006 (10): 1285-1287.

[50] 武玉英, 何喜军. 基于 DEA 方法的北京可持续发展能力评价 [J]. 系统工程论与实践, 2006 (3): 117-123.

[51] 吴红排. 我国各省市科技投入与产出的评价 [J]. 商业文化. 科教纵横, 2007 (4): 140-141.

[52] 杨开忠, 谢燮. 中国城市投入产出有效性的数据包络分析 [J]. 地理学与国土研究, 2002 (8): 45-47.

[53] 陈义华, 陈骑兵, 董玉成, 张桂清. 基于改进 DEA 模型的科技投入产出有效性分析 [J]. 数学的实践与认识, 2007 (11): 38-42.

[54] 曾祥云, 吴育华. 相对有效性评价的区间 DEA 算法研究 [J]. 天津大学学报, 2001 (3): 137-141.

[55] 刘英平, 林志贵, 沈祖诒. 有效区分决策单元的数据包络分析方法 [J]. 系统工程理论与实践, 2006 (3): 112-116.

[56] 张倩威, 魏权龄. 关于 DEA 有效性"新方法"的探讨 [J]. 数学的实践与认识, 2007 (12): 93-96.

[57] Charnes A. Sensitivity and Stability Analysis in DEA [J]. Annals of OR, 2005 (2): 139-156.

[58] 杨印生. 带有参数的 C2R 模型的灵敏度分析 [J]. 系统工程与电子技术, 2006 (12): 59-62.

[59] 关斗, 应保胜, 李金良. 敏捷供应链中 DEA 与 DEA/AHP 方法的比较 [J]. 机械, 2007 (12): 106-107.

[60] 许晓雯, 时鹏将. 我国商业银行经济效率及影响因素分析 [J]. 当代经济科学, 2006 (1): 45-48.

[61] 张根水, 熊伯坚, 程理民. 基于 DEA 理论的地区旅游业效率评价 [J]. 商业研究, 2006 (1): 179-182.

[62] Subal C. Kumbhakar, C. A. KnoxLovell. Stochastic Frontier Analysis [M]. United Kingdom: Cambridge University Press, 2000.

[63] 朱有为,徐康宁. 中国高技术产业研发效率的实证研究 [J]. 中国工业经济, 2006 (11): 8-45.

[64] 王辉. 基于SFA的中国农村区域技术效率分析 [J]. 河北科技大学学报, 2010, 10 (4): 1-7.

[65] 刘新同. 基于因子分析的我国区域R&D产出水平差异比较 [J]. 科技管理研究, 2009 (5): 193-195.

[66] 袁嘉祖. 灰色系统理论及其应用 [M]. 北京: 科学出版社, 1991.

[67] 汤娟. 平衡计分卡在企业R&D绩效评价中的应用 [J]. 科技和产业, 2010, 10 (9): 87-90.

[68] 黄璜. 中国工业绩效和工业驱动力的区域研究 [J]. 上海经济研究, 2006 (11): 3-14.

[69] 金玉国. 转型时期中国工业绩效变动的制度解析 [J]. 上海经济研究, 2001 (4): 14-20.